CROIX ROUGE FRANÇAISE

ASSOCIATION DES DAMES FRANÇAISES

MANUEL
DES
COMMISSIONS ADMINISTRATIVES
DES COMITÉS DES DÉPARTEMENTS
En temps de paix et en temps de guerre

PAR LE DOCTEUR DUCHAUSSOY
Professeur agrégé à la Faculté de Médecine, ✠ O.
Fondateur de l'Association

ABBEVILLE
C. PAILLART, IMPRIMEUR-ÉDITEUR

1900

ASSOCIATION DES DAMES FRANÇAISES

MANUEL
DES
COMMISSIONS ADMINISTRATIVES
DES COMITÉS DES DÉPARTEMENTS

En temps de paix et en temps de guerre

CROIX ROUGE FRANÇAISE

ASSOCIATION DES DAMES FRANÇAISES

MANUEL

DES

COMMISSIONS ADMINISTRATIVES

DES COMITÉS DES DÉPARTEMENTS

En temps de paix et en temps de guerre

Par le Docteur DUCHAUSSOY

Professeur agrégé à la Faculté de Médecine, ✱ O.

Fondateur de l'Association

·ASSOCIATION·DES·DAMES·FRANÇAISES·

ABBEVILLE

C. PAILLART, IMPRIMEUR-ÉDITEUR

—

1900

PREMIÈRE PARTIE

Organisation générale de l'Association et de ses Comités

CHAPITRE PREMIER

NOTE PRÉLIMINAIRE SUR L'ORGANISATION GÉNÉRALE DE L'ASSOCIATION

Sa Reconnaissance comme établissement d'utilité publique.

Fondée depuis 1879, l'Association des Dames Françaises demanda, en 1881, l'autorisation légale et l'obtint.

En 1882, alors qu'un décret antérieur, aboli aujourd'hui, obligeait toutes les sociétés non encore reconnues d'utilité publique, et ayant pour but les secours à l'armée, à se rattacher à la Société française de secours aux blessés, l'Association avait offert à cette dernière de s'affilier à elle, pour le cas de guerre, mais à la condition de conserver ses statuts et l'organisation à laquelle elle devait ses succès. La Société française de secours répondit qu'elle ne croyait pas la chose possible, sans une modification à ses propres statuts. Par cette offre, l'Association avait fait tout ce qu'elle pouvait pour ne pas diviser les forces de la charité patriotique. Mais, en présence de cette réponse, son devoir était tracé : marcher et compléter l'organisation.

C'est ce qu'elle a fait, et l'on peut penser que la vive émulation qu'elle a ainsi suscitée n'a pas été moins féconde pour le bien de l'Armée que ne l'avait été l'exemple qu'elle avait donné en fondant une Société de femmes.

Elle sollicita donc l'approbation de ses statuts et sa reconnaissance comme établissement d'utilité publique, qui lui furent accordées par le décret ci-après :

LE PRÉSIDENT DE LA RÉPUBLIQUE FRANÇAISE,

Sur le rapport du Ministre de l'Intérieur ;

Vu l'avis du Conseil d'Etat du 17 janvier 1806 ;

Vu la demande de reconnaissance légale formée au nom et en faveur de l'Association des Dames Françaises, ayant son siège à Paris ;

Vu la délibération du Comité d'action, en date du 26 juillet 1882, autorisant la dite demande ;

Vu les pièces produites à l'appui de cette demande ;

Vu le projet des statuts de l'œuvre ;

Le Conseil d'Etat entendu,

DÉCRÈTE :

ART. 1er. — Est reconnue comme Établissement d'utilité publique, l'Association des Dames Françaises, établies à Paris.

Sont approuvés les Statuts de l'œuvre, tels qu'ils sont annexés au présent décret.

ART. 2. — Le Ministre de l'Intérieur est chargé de l'exécution du présent décret.

Fait à Paris, le 23 avril 1883.

Signé : JULES GRÉVY.

Par le Président de la République :

Le Ministre de l'Intérieur,

Signé : WALDECK-ROUSSEAU.

En vertu de ce décret, l'Association jouit de la personnalité civile : elle peut recevoir des dons et des legs, en argent, en objets mobiliers, en immeubles. Il importe, pour que la volonté des donateurs ou testateurs ne puisse donner lieu à aucune contestation, de bien spécifier, dans l'acte contenant la libéralité, que la donation ou le testament sont faits en faveur de l'*Association des Dames Françaises*, dont le siège social est actuellement (1900), rue Gaillon, 10, à Paris.

Ces mêmes recommandations sont applicables aux libéralités qui seraient faites en faveur de l'*Hôpital de l'Association des Dames Françaises*, situé à Paris, 93, rue Michel-Ange ; elles doivent être ainsi libellées : Je lègue à l'Association des Dames Françaises, pour son hôpital de la rue Michel-Ange, la somme de...

Lorsqu'une personne voudra faire une libéralité à un Comité quelconque de l'Association, elle devra tester ou effectuer sa donation en faveur de l'Association, en indiquant seulement que la libéralité devra profiter à tel Comité qu'elle désignera.

Ses Statuts.

Les statuts de l'Association indiquent son *double but* : secours aux militaires et aux marins en cas de guerre ; secours aux civils dans les calamités publiques.

Pour atteindre ce but, l'Association prépare, par un enseignement spécial, un personnel de femmes qu'elle rend ainsi capables de donner des secours efficaces et disciplinés aux blessés et aux malades de l'armée.

Elle prépare, avec tous les soins que la science contemporaine indique, un matériel de pansement d'hôpital ; à cet effet, elle a établi des ouvroirs dans chacun de ses Comités.

Enfin, elle amasse un fonds de réserve qui doit lui permettre de faire face aux premiers événements. Ce fonds de réserve est constitué, chaque année, à l'aide du tiers au moins des ressources annuelles. Pour les Comités qui n'ont pas encore réuni les sommes nécessaires au fonctionnement de leur hôpital en cas de guerre, il est indispensable d'accroître, au plus vite, ce fonds de réserve, à l'aide de fêtes fructueuses, de dons spéciaux et du produit des legs faits à ces Comités.

Les Comités des départements se gouvernent eux-mêmes conformément aux statuts et concourent à l'œuvre autant que le Comité central.

Le texte des statuts, modifiés en 1891 avec l'approbation du Conseil d'Etat, est publié chaque année dans la première partie de l'annuaire.

Le rattachement au service de santé des armées de terre et de mer.

Ce rattachement s'est fait officiellement par les décrets de 1886 et de 1892. Ce dernier qui a aboli les décrets antérieurs, tant pour l'Association des Dames Françaises que pour les deux autres Sociétés d'assistance en temps de guerre, se trouve reproduit chaque année dans la première partie de l'annuaire. Comme pour les statuts, il est inutile de le réimprimer dans cette notice ; mais nous engageons beaucoup les Présidentes et les déléguées à les lire dans l'annuaire et à se bien pénétrer de leurs principales dispositions. Des lettres des ministres de la guerre, M. de Freycinet, 18 juin 1890, et du général Mercier, 22 mai 1894, expliquent plusieurs points de ces décrets et établissent sans conteste l'indépendance de l'Association des Dames Françaises par rapport à la Société française de secours. On trouvera aussi ces lettres dans les annuaires.

Commission mixte et Commission supérieure.

Ce rattachement à la guerre et à la marine a été rendu plus étroit par l'institution de *commissions* dont voici la composition et le but.

De la Commission mixte. — Chacune des trois Sociétés de la Croix Rouge est représentée auprès du ministre par un commissaire civil et un commissaire militaire. Le commissaire civil de l'Association est actuellement son secrétaire général.

Cette commission, chargée d'étudier toutes les questions qui intéressent le fonctionnement de la Société, au point de vue du service de guerre, se réunit soit sur l'initiative du Ministre de la guerre, soit sur celle de la Présidente de l'Association; les commissaires peuvent ainsi conférer entre eux toutes les fois qu'ils le jugent utile. Une expédition du procès-verbal de leurs conférences est adressée au Ministre de la guerre, ainsi qu'à la Présidente de l'Association.

Commission supérieure des Sociétés d'Assistance. — Outre cette commission mixte il existe une commission supérieure des Sociétés d'Assistance qui se réunit au Ministère de la guerre deux fois par an au moins: la Présidente de l'Association et le commissaire civil en font partie, ainsi que le commissaire militaire.

Cette commission supérieure donne son avis sur toutes les questions qui lui sont soumises par le Ministre de la guerre et par les Sociétés, mais elle n'est que consultative. (Voir l'art. 7 du décret de 1892.)

Conseil d'Administration de l'Association.

En vertu des statuts, l'Association est dirigée par un Conseil d'Administration de douze à vingt membres, élu par l'Assemblée Générale.

Comité Central.

Le Comité central est composé de tous les membres résidants à Paris et de tous les membres des localités dans lesquelles il n'y a pas de Comité des Dames Françaises; il est dirigé par le Conseil d'Administration de l'Association. Mais, comme il ne peut s'occuper lui-même de tous les détails du fonctionnement, il les confie à des commissions spéciales dont le nombre varie suivant les besoins. Les principales sont les commissions d'enseignement, des finances, du matériel, du personnel, de la propagande.

Le Conseil de l'Association a des attributions très étendues : il est juge souverain de toutes les difficultés qui pourraient naître entre les membres de l'Association au sujet de l'œuvre et s'occupe de toutes les questions qui intéressent la marche générale de l'Association, tant à Paris, qu'en province et à l'étranger.

Délégués régionaux.

Aux termes du décret du 19 octobre 1892, l'Association est représentée, dans chaque région de corps d'armée, par un délégué régional choisi par le Conseil d'Administration de l'Association. Ce délégué régional, agréé par le Ministre de la guerre, est accrédité par lui auprès du Général commandant le corps d'armée et auprès du Directeur du service de santé. Dans les Xe, XIe, XVe et XVIIIe corps d'armée, les délégués régionaux sont également accrédités auprès des Vice-Amiraux commandant en chef, préfets maritimes et des Directeurs du service de santé de la marine.

Les personnes choisies par le Conseil d'Administration pour remplir les fonctions de délégué régional doivent être libérées du service militaire, et, par leur situation morale et pécuniaire, se trouver tout à fait indépendantes.

Les délégués régionaux chercheront à s'adjoindre, s'il est possible, deux ou trois personnes sûres et dévouées qui formeront le *bureau de la délégation régionale* et les aideront dans les démarches ou dans les travaux de bureau.

En temps de paix, le délégué régional est chargé d'établir toutes les propositions concernant le fonctionnement de l'Association dans sa région, pour le cas de guerre. Toutes ces propositions sont établies en deux expéditions, dont l'une est adressée par le délégué régional au Conseil d'Administration et l'autre remise par lui au Directeur du service de santé du corps d'armée, qui les transmet, par voie hiérarchique, au Ministre de la guerre, après y avoir consigné ses observations.

En ce qui touche le fonctionnement de l'Association dans les ports militaires, le délégué régional adresse également une expédition de ses propositions au Directeur du service de santé de la marine, qui les transmet, par voie hiérarchique, au Ministre de la marine, après y avoir consigné ses observations.

Le 1er janvier et le 1er juillet de chaque année, le délégué régional adresse au Directeur du service de santé du corps d'armée un état des ressources des Comités de la région, en personnel et en matériel, conformément au modèle arrêté par l'autorité militaire. Pour établir ce document, il compulse les feuilles de situation fournies par les Comités et les bulletins de l'Association.

Cet état, nominatif pour le personnel supérieur, et numérique pour le personnel subalterne, sert de base au Directeur du service de santé pour l'établissement de son rapport semestriel.

En outre, le délégué régional fait connaître au Directeur du service de santé les mutations, au fur et à mesure qu'elles se produisent, et lui notifie la fondation des nouveaux Comités.

Intermédiaire entre les Comités et l'autorité militaire, le délégué régional transmet aux Comités les communications de l'autorité militaire.

Il transmet aussi au Directeur du service de santé les demandes et réclamations des Comités concernant les locaux, le matériel ou le personnel des hôpitaux auxiliaires fixes.

De même, toutes les demandes de faveurs, telles que

concours de musiques militaires pour fêtes ou cérémonies, autorisations pour les officiers de la réserve et de l'armée territoriale d'y assister en tenue, prêts de matériel, décorations de monuments pour des solennités, etc., doivent être faites ou du moins contresignées par le délégué régional. Jamais elles ne doivent être adressées directement aux chefs de corps, ni au général commandant le corps d'armée, et encore moins au Ministre de la guerre.

Les délégués régionaux ne correspondent, ainsi, *directement* qu'avec le Conseil d'Administration de l'Association, les Directeurs du service de santé des corps d'armée, et les Présidentes des Comités.

Chaque année, lorsque les délégués des Comités de l'Association se réunissent à Paris, les délégués régionaux sont convoqués à cette réunion, où l'on discute les questions d'intérêt général pour l'Association. Ils ont voix délibérative à cette réunion.

D'une manière générale, les délégués régionaux doivent aider de tous leurs moyens à la propagation et à l'extension de l'Association.

En temps de guerre, leur rôle devient très important à cause des besoins auxquels il y a lieu de faire face. Les délégués régionaux restent constamment en rapport avec le Directeur du service de santé du corps d'armée de leur région : pour remplir leur mission, qui est bien précisée par le décret de 1892 et par l'instruction du 5 mai 1899, ils auront à déployer toute leur activité et tout leur dévouement.

Des indications qui précèdent, il est aisé de tirer cette conclusion que les rapports entre les délégués régionaux et les Comités de l'Association doivent être aussi fréquents que possible, pour leur permettre d'être bien au courant de la marche générale des Comités de leur région.

Délégués correspondants.

Les délégués correspondants sont nommés par le Comité central quand il juge utile de le faire ; ils ont pour fonction de fournir au Comité central des indications utiles à la propagande, d'aider à l'organisation des secours, soit aux militaires, soit aux civils, dans les conditions prévues par les règlements, et, enfin, de donner des renseignements sur tout ce qui touche les intérêts de l'Association.

Ils ne sont pas en rapports directs avec l'autorité militaire, à moins qu'une délégation spéciale ne leur ait été donnée pour un cas particulier.

Lorsqu'il y a un délégué régional ou une présidente de Comité dans leur canton, ils se concertent avec eux. Dans le cas contraire, ils correspondent avec le Comité central.

Les délégués correspondants sont surtout utiles dans les villes où il n'y a pas encore de Comité constitué.

Comités des départements, des colonies ou établis à l'étranger.

Un Comité proprement dit doit compter environ cent membres au plus ; il peut s'en établir sur tous les points de la France et des colonies, ainsi qu'à l'étranger, lorsqu'un groupe suffisant de Français y réside.

Ces Comités se gouvernent eux-mêmes, conformément aux statuts. Le fonctionnement des Comités fondés sur les territoires étrangers, avec le concours des ambassadeurs, des ministres plénipotentiaires et des consuls français, diffère de celui des Comités en terre française ; il n'est pas aussi complet et consiste surtout à recueillir des fonds qui, s'ils ne pouvaient être utilisés par le Comité lui-même en cas de guerre, au profit des soldats français, seraient envoyés au Comité central de l'Association ; à préparer dans leurs ouvroirs du matériel de secours qui, en cas de besoin, serait mis à la disposition des hôpitaux auxiliaires de l'Association, situés sur les points du territoire français les plus rapprochés ; à envoyer des dons en nature aux troupes françaises en cas d'expéditions coloniales ; à propager l'Association parmi les Français résidant dans le pays. En 1898 l'Association possède des Comités à Zurich, à Genève, à Bruxelles, à San Francisco, à Luxembourg, à Port-Saïd, à Philadelphie et à Rio de Janeiro.

Le fonctionnement des Comités des colonies est à peu près le même que celui des Comités à l'étranger. L'Association a reçu une aide importante des Comités de Porto-Novo, de l'île Mayotte, de Saint-Pierre et Miquelon, de Cayenne et de Nouméa.

Sous-Comités.

Généralement, un Sous-Comité ne compte qu'une cinquantaine de membres : il en compte parfois moins. Ordinairement, lorsque le nombre de ses adhérents est trop restreint pour lui permettre de fonctionner pleinement, ce Sous-Comité est rattaché à un Comité voisin de la localité où il est établi. Exceptionnellement, il y a des Sous-Comités qui n'ont qu'un petit nombre de membres, mais cependant beaucoup de ressources, ce qui leur permet de fonctionner par eux-mêmes.

Lorsque, sans qu'un Sous-Comité atteigne un chiffre de cent membres, il est à penser que, dans un avenir peu éloigné, il arrivera à ce chiffre, ce Sous-Comité peut s'organiser dans les mêmes conditions qu'un Comité et avoir son existence propre.

Tout ce qui, dans cette note, a trait aux Comités, s'applique aux Sous-Comités. Le fonctionnement des uns et des autres se trouvera détaillé dans le chapitre III de cet ouvrage.

Assemblée générale.

Au moins une fois l'an, d'ordinaire en novembre, l'Assemblée générale de l'Association est convoquée.

Cette Assemblée composée des membres du Comité central, des délégués régionaux et des délégués des Comités des départements, est le pouvoir souverain de l'Association.

Elle entend les rapports sur les actes et la situation morale et financière de l'Association et approuve les comptes.

C'est elle aussi qui élit le Conseil d'Administration et peut modifier les statuts et le règlement d'administration intérieure dans les conditions prévues par les statuts.

CHAPITRE II

RÉCOMPENSES DÉCERNÉES PAR LE COMITÉ CENTRAL

Elles consistent en médailles, en trousses d'honneur et autres objets se rapportant aux services hospitaliers et quelquefois en distinctions honorifiques, que le Conseil tâche d'obtenir pour certains membres de l'Association.

Les Médailles. — Il y en a de quatre espèces ; ce sont :

1° L'Insigne de l'Association,
2° La Médaille de Reconnaissance,
3° La Médaille de Fondation de Comité,
4° La Médaille d'Honneur au dévouement.

L'Insigne de l'Association est quelquefois offert à des personnes qui rendent un service passager à l'Association, ou qu'on désire s'attacher à titre de membre honoraire.

La Médaille de Reconnaissance est décernée à des membres de l'Association qui remplissent avec dévouement des fonctions très actives ; ordinairement la durée de ces services doit avoir été de cinq ans au moins, pour que la médaille soit accordée ; les demandes pour l'obtention de cette médaille doivent être adressées au Conseil de l'Association par les commissions administratives des Comités qui signent ces demandes et indiquent d'une manière précise les services rendus par les candidats proposés.

Quand il s'agit de membres du Comité central, ou de

sociétaires des départements dont le comité central a pu apprécier par lui-même les services, ce sont les Présidentes des commissions et le Secrétaire général de l'Association qui présentent ces demandes à la Commission des Récompenses.

La Médaille de Fondation de Comité, comme son titre l'indique, est attribuée aux personnes qui ont fondé un comité bien constitué, bien organisé ; ces personnes sont signalées à la commission par les Présidentes des diverses sections de la Propagande.

Il est de règle que cette récompense ne soit décernée que quand le nouveau comité a fonctionné pendant une année, de manière à être sûr de sa vitalité. Les Médailles de reconnaissance et les Médailles de fondation de comité sont distinctes.

La Médaille d'Honneur au dévouement a été instituée par la « Dame Patriote » pour honorer les grands dévouements envers les victimes de la guerre ou des calamités publiques, ou pour reconnaître les services exceptionnels rendus à l'Association.

Parmi ces services exceptionnels nous noterons la fondation de trois comités proprement dits, les services rendus pendant de longues années comme Présidente d'un comité prospère ou d'une des grandes commissions du Comité central.

Un des caractères particuliers que doivent présenter les services que la Médaille d'Honneur au dévouement doit récompenser, c'est la constance dans le dévouement personnel, il faut aussi que ce dévouement représente un véritable sacrifice d'activité, de temps, d'argent, etc.

Les Médailles d'Honneur au dévouement sont doubles : il y a un grand modèle en bronze contenu dans un écrin et une réduction dorée, attachée au ruban insigne de l'Association.

Commission des Récompenses.

Pour les Médailles d'Honneur au dévouement, les propositions sont faites au Conseil, soit par le Secrétaire général, soit par un membre du conseil et c'est le Conseil qui juge et qui vote.

Pour les Médailles de Fondation de comité et de reconnaissance, les demandes sont examinées par une commission composée du Secrétaire général, d'un membre du Conseil, des Présidentes des diverses sections de propagande, de deux Présidentes de comités du gouvernement de Paris, de la Présidente de la chancellerie et des autres membres que le Conseil pourrait juger à propos d'y adjoindre.

Toutes ces récompenses sont décernées en Assemblée générale.

Les distinctions académiques que le Conseil tâche d'obtenir avant l'Assemblée générale sont surtout destinées aux professeurs qui donnent l'enseignement dans notre école, ou à l'hôpital.

Cependant, nous avons été quelquefois assez heureux pour pouvoir les faire décerner à des Présidentes de commissions, à des Dames qui font des conférences de propagande, aux Dames répétitrices des cours et à celles qui s'occupent de nos bibliothèques militaires.

Nous croyons qu'on agit sagement en ne faisant pas intervenir l'influence du Conseil pour faire obtenir ces distinctions à des personnes qui les demandent pour autre chose que pour des services rendus à l'Association et qui ne sont pas proposées par le Conseil.

Médailles pour services à l'hôpital des Dames Françaises.

Ces médailles, du même modèle que les médailles de reconnaissance, sont accordées, sur la proposition de la commission administrative de l'hôpital, aux personnes qui ont fait un service assidu pendant deux années, et n'ont mérité que des éloges ; la proposition doit être accompagnée d'une note favorable signée par les médecins de l'hôpital.

CHAPITRE III

ORGANISATION DES COMITÉS DES DÉPARTEMENTS

Règlement des Comités.

Aussitôt qu'un Comité a été inauguré en présence d'un bureau provisoirement constitué, le règlement doit être mis aux voix et adopté par assis et levé.

Les membres titulaires seuls peuvent prendre part au vote.

Voici le modèle de règlement des Comités :

COMITÉ DE

FONDÉ LE

RÈGLEMENT

Le Comité de   adopte *les Statuts de l'Association des Dames Françaises*, dont le siège est à Paris, et s'engage à s'y conformer. Le présent Règlement n'a pour objet que de mettre le fonctionnement du Comité en harmonie avec ces Statuts, comme le veut l'article 2 de leur titre deuxième.

SECTION I

BUT ET COMPOSITION DU COMITÉ.

Art. 1er. — Le Comité de   a pour but général la préparation des diverses espèces de secours que les militaires et les marins peuvent recevoir des Sociétés civiles ; il s'occupe, en particulier, de former un personnel de femmes capables de rendre des services dans l'intérieur des hôpitaux auxiliaires, en temps de guerre ; de réunir un matériel aussi parfait que possible, surtout en objets de pansements ; d'amasser des fonds qui permettront d'augmenter rapidement ce matériel, en cas de besoin, et d'en assurer le bon emploi.

Art. 2. — L'activité bienfaisante du Comité peut aussi s'exercer en temps de paix, dans les cas de calamités publiques et de désastres : inondations, épidémies, incendies, disettes, naufrages, explosions, catastrophes de chemins de fer, etc., *sans distinction de croyances religieuses ni d'opinions politiques.*

Art. 3. — Le Comité peut disposer d'une partie de ses ressources, qui sera déterminée plus loin, pour secourir les nations étrangères, soit en cas de guerre, soit en cas de calamités publiques.

Art. 4. — Le Comité se compose de trois groupes de membres : 1° ceux qui s'engagent à payer une cotisation annuelle de dix francs ou plus ; 2° ceux qui ne payent pas de cotisation, mais offrent leurs services actifs en cas de guerre ou de calamités publiques ; 3° ceux qui paient la cotisation et qui, en outre, ont des services actifs, soit dans les ambulances, soit dans les commissions qui élaborent les travaux, soit dans les ateliers du Comité.

Le titre de *Bienfaiteur* est donné, par la Commission administrative, aux Membres qui donnent une somme d'au moins cent francs, une fois donnée, outre leur cotisation annuelle. Le titre de *Donateur*, à ceux qui donnent de vingt à cent francs, une fois donnés, outre la cotisation. Les cotisations peuvent être rachetées, moyennant une somme égale à vingt fois la cotisation ; le rachat confère le titre de *Membre à vie.*

SECTION II

RESSOURCES ET CHARGES ; EMPLOI DES FONDS.

Art. 1er. — *Les ressources* du Comité se composent : des dons, legs et affectations, en argent et en nature, du produit des cotisations, des souscriptions, des subventions qui pourront lui être accordées et, s'il y a lieu, du produit des conférences, concerts, bals, loteries, etc., organisés à son profit ; enfin des sommes versées par les autres sociétés de bienfaisance qui s'agrègeront au Comité.

Art. 2. — *Les charges* consistent en frais d'administration ; dépenses de premier établissement ; d'achat et d'entretien du matériel ; paiement du personnel rétribué ; secours aux militaires ou aux civils français ; secours aux nations étrangères ; versement annuel au *Comité central de Paris* d'un dixième des cotisations.

Art. 3. — *L'emploi des fonds* est ainsi réglé : un dixième des cotisations est versé chaque année au Comité central ; un tiers des fonds de toute provenance sert à constituer le fonds de réserve ; le reste peut être consacré aux dépenses annuelles. L'emploi et la gestion des fonds doivent, autant que possible, être conformes à ce qui est statué pour le Comité central, aussi bien en temps de paix qu'en temps de guerre.

Un vote unanime de la Réunion des Délégués, 22 novembre 1894, a décidé que tous les Comités paieraient, au bout de trois ans d'existence, une contribution de guerre pour l'*achat des hôpitaux de campagne*. Cette part contributive ne sera payée qu'*une fois* et a été fixée au dixième de l'avoir total des Comités.

Le fonds de réserve devra être placé en rentes sur l'Etat français ou en obligations des grandes lignes de chemins de fer français, ou déposé à la Caisse d'épargne ou à la

Caisse des dépôts et consignations, s'il est en argent ; à la Banque de France, s'il est en titres. La *Trésorière* est chargée de ce soin. *Les fonds annuellement disponibles* seront déposés par la Trésorière soit à la Caisse des dépôts et consignations, soit à la Caisse d'épargne.

Pour le dépôt des fonds et des valeurs constituant les fonds de réserve, les Comités peuvent se servir de l'intermédiaire du Comité central. Les intérêts de ces dépôts leur appartiendront. (Décision de la Réunion des Délégués, 1890.)

L'Assemblée du Comité qui devra être convoquée au début d'une guerre, décidera dans quelle mesure il faudra toucher au *fonds de réserve.*

Pour les secours en argent, *en cas de calamités en France*, il ne peut être employé que les fonds annuellement disponibles et *un vingtième du fonds de réserve.*

Pour les secours aux nations étrangères, il ne peut jamais être touché au fonds de réserve.

SECTION III

ADMINISTRATION

Art. 1er. — *Le sceau* du Comité de   est un écusson blanc, contenant la croix rouge et les mots : Association des Dames Françaises, Guerres, Calamités, Comité de

Art. 2. — Le Comité de   élit une *Commission administrative*, composée d'au moins douze membres si le Comité compte cent membres payants ; elle peut être renouvelée tous les cinq ans ; cette Commission choisit un *Bureau* parmi ses membres. Ce Bureau se compose d'une Présidente, d'une Vice-Présidente, d'une Trésorière et d'un Secrétaire général. En vertu de l'article 23 du règlement général, la nomination de la Présidente ou du Président doit être agréée par le Conseil de l'Association. (Voir plus loin pour les fonctions de chaque membre du Bureau). La *Commission* administre avec l'aide du Bureau ; distribue les fonds de secours, veille à la constitution du fonds de réserve, à la formation et à la conservation du matériel ; recrute le personnel, s'occupe de son instruction et de son emploi ; statue chaque année sur la somme et sur le matériel qui seront envoyés au Comité central.

Art. 3. — Les hommes peuvent faire partie de la Commission administrative et du Bureau.

Art. 4. — *Une Commission consultative* pourra être nommée par la Commission administrative qui prendra son avis dans les cas graves ou embarrassants.

Art. 5. — Pour assurer *la promptitude des secours*, le Bureau a le devoir de s'informer des endroits où les événements rendent ces secours nécessaires, et d'agir *immédiatement* suivant ses ressources ; il rendra compte de ses actes à l'assemblée annuelle du Comité de

Art. 6. — Chaque année le Comité se réunit pour entendre le *Rapport* sur la situation et les actes. Ce rapport sera adressé au Comité central de Paris avant le 15 octobre ; on y joindra les vues du Comité de sur les améliorations à introduire dans le fonctionnement de l'Association.

Art. 7. — Si le Comité de est composé d'au moins cent membres payants, il pourra envoyer *un délégué aux Assemblées générales de l'Association ;* s'il compte deux cents membres payants, il pourra envoyer deux délégués, et trois délégués lorsqu'il comptera cinq cents membres. Ces délégués assisteront à la réunion des délégués qui précédera chaque Assemblée générale. (Article 27 des Statuts.)

Art. 8. — Le Comité de recevra les publications du Comité central et pourra, en cas de besoin, participer aux distributions prévues par l'article 26 du titre deuxième du Règlement général de l'Association.

Art. 9. — Dans le cas où le Comité de , spécialement réuni à cet effet, aurait prononcé sa dissolution, à la majorité des deux tiers des membres présents, les deux tiers de l'avoir de ce Comité, tant en fonds qu'en matériel, seraient versés au Comité central, et l'autre tiers serait réparti, par les soins de la Commission administrative, entre les militaires et les hôpitaux civils de la circonscription.

Article additionnel voté par la Réunion des Délégués et par l'Assemblée générale du 24 novembre 1899. — Dans le cas où un Comité s'*est éteint* sans avoir procédé régulièrement à sa dissolution, comme il est dit ci-dessus, son avoir sera repris par le Comité central.

Art. 10. — La Commission administrative du Comité de en premier ressort, et le Conseil d'Administration de Paris, d'une manière souveraine, sont constitués juges de toutes les contestations qui pourraient être soulevées relativement à l'interprétation ou à l'exécution de ce Règlement.

Adopté dans l'Assemblée du

Certifié par les Membres du Bureau provisoire,

Commission administrative.

Le règlement adopté, on passe à l'élection de la Commission administrative.

Cette Commission doit compter au moins douze membres lorsque le Comité a cent adhérents ; au-dessous de ce chiffre, la commission peut n'être composée que de six membres.

On nomme *Commission administrative* l'ensemble des personnes qui administrent un Comité des départements.

La Commission administrative est élue pour une période de cinq ans par les adhérents payant la cotisation réglementaire. Les membres sortants sont indéfiniment rééligibles.

Les membres de la Commission administrative ont tous le droit de vote dans les réunions de cette Commission; sauf le cas d'urgence, le Bureau doit demander l'avis de la Commission administrative, sur les affaires importantes concernant le Comité.

Toutes les Commissions spéciales qui pourraient être établies, suivant les besoins, sont subordonnées à la Commission administrative.

Bureau.

Aussitôt après son élection, la Commission administrative se réunit et choisit parmi ses membres, à la majorité des votants, les présidentes ou présidents d'honneur du Comité, la présidente, la ou les vice-présidentes, la secrétaire générale, la trésorière, la secrétaire adjointe et la trésorière adjointe. Elle désigne également, si elle le juge à propos, une secrétaire des séances qui peut être prise en dehors de la Commission administrative et, dans ce cas, n'a pas voix délibérative.

Les fonctions ci-dessus énumérées sont habituellement remplies par des Dames. Il peut, toutefois, y avoir souvent intérêt à ce que des Messieurs en acceptent quelques-unes. Il convient d'éviter que plusieurs membres de la même famille soient investis de fonctions dans le bureau.

La durée des fonctions des présidente, vice-présidente, secrétaire générale, trésorière, secrétaire adjointe, trésorière adjointe et secrétaire des séances, est de deux années; mais leurs pouvoirs peuvent être renouvelés.

Les membres choisis pour remplir ces fonctions composent *le bureau* du Comité.

Dans les cas urgents, la présidente, la secrétaire générale et la trésorière, immédiatement réunies, prennent toutes mesures nécessaires, sauf à en rendre compte à la plus prochaine séance de la Commission administrative.

Voici en quoi consistent les fonctions de chacun des membres du bureau.

Présidence d'honneur.

La Présidente (ou le *Président) d'honneur* n'a pas la direction du Comité.

C'est, d'ordinaire, une personne jouissant d'une grande considération et dont l'appui moral peut être très utile à l'Œuvre.

Ausi convient-il d'écouter avec déférence les avis que, au sein de la Commission administrative, elle croira devoir donner sur les affaires qui intéressent le Comité.

Fonctions des Présidente, Vice-Présidente, Secrétaire générale, Trésorière, etc.

La *Présidente* préside les séances de la Commission administrative, les assemblées annuelles du Comité, les fêtes et cérémonies ; elle convoque la Commission administrative, signe les pièces officielles, les principales pièces de la comptabilité, le registre des procès-verbaux de la Commission administrative ; elle exerce la surveillance générale, et entretient les rapports officiels avec le Comité central, le délégué régional et le délégué départemental, lorsqu'il y en a un.

Chaque année, dans la première quinzaine d'octobre, la Présidente envoie au Comité central un *état de situation*, avec rapport sur les actes du Comité. Cet état comprend le personnel, les fonds, le matériel, les locaux pour l'hôpital auxiliaire fixe. Le Comité central envoie à cet effet des feuilles imprimées dont il n'y a qu'à remplir les blancs.

La *Vice-Présidente* remplace la Présidente, en cas d'absence ou d'empêchement, et l'aide dans ses travaux administratifs, lorsqu'elle en est priée.

La *Secrétaire générale* fait le rapport annuel sur la situation et les actes du Comité, conserve les archives, rédige les délibérations de la Commission administrative, envoie les lettres de convocation, est chargée de la publicité et des rapports avec la presse locale, en vue de l'insertion gratuite d'articles favorables à l'Association.

La *Secrétaire adjointe* aide la Secrétaire générale dans ses fonctions.

La *Trésorière* est chargée des recettes, des paiements, et, conjointement avec la Présidente et la Commission des finances, du placement des fonds. (V. deuxième partie, chapitre IV.)

Quand, dans un comité important, on a jugé nécessaire de constituer des commissions spéciales, la Trésorière ne doit payer les factures que sur le *bon à payer* donné par la Présidente de chacune de ces commissions.

La *Trésorière adjointe* aide et supplée la Trésorière.

La *Secrétaire des séances* rédige les procès-verbaux des séances de la Commission administrative, les fait signer par la Présidente et les remet à la Secrétaire générale.

Commissions spéciales.

La Commission administrative peut, s'il y a lieu, nommer des commissions spéciales, composées de membres du Comité. Il ne faut pas oublier que toutes les décisions de ces commissions spéciales doivent, pour devenir exécutoires, avoir l'approbation de la Commission administrative des Comités.

Ces Commissions sont, le plus ordinairement, les suivantes :

La *Commission des Finances* qui vérifie les comptes et l'avoir des Comités au moins une fois l'an ; les comptes lui sont présentés par la trésorière. (V. deuxième partie, chapitre IV.)

La *Commission de l'Ouvroir* qui doit aider la *directrice de l'ouvroir* à accomplir sa tâche. Cette tâche consiste à : faire couper et coudre la lingerie d'hôpital, en assurer la conservation, en faire chaque année l'inventaire, puis, encore, à surveiller les séances de l'ouvroir et à veiller à ce que la médisance, les discussions politiques ou religieuses en soient sévèrement bannies.

Pour tous renseignements, la directrice de l'ouvroir pourra s'adresser à la directrice générale des travaux d'ouvroir du Comité central, 10, rue Gaillon, à Paris.

La *Commission du Matériel* emploie en achats de matériel les crédits mis à sa disposition par la Commission administrative. Elle est chargée de l'entretien et de la conservation du matériel meublant et du matériel de secours.

Pour toute demande de renseignements, écrire à la présidente générale des Commissions du matériel du Comité central, 10, rue Gaillon, à Paris.

La *Commission des Bibliothèques* recueille des livres, des revues et des journaux pour les ambulances et les bibliothèques militaires, les choisit avec soin, les conserve et les expédie.

Pour tous renseignements utiles, s'adresser à la présidente de la Commission des bibliothèques du Comité central, 10, rue Gaillon, à Paris.

La *Commission de l'Enseignement* doit être composée de médecins et de pharmaciens. Son président prend le titre de *Directeur de l'Enseignement*. C'est un médecin qui assure la régularité des cours, veille à ce qu'ils soient pourvus du matériel nécessaire. Il n'est pas toujours possible d'avoir un Directeur de l'Enseignement ; souvent les médecins et les pharmaciens se concertent pour faire les cours sans qu'il y ait de directeur.

Pour les renseignements relatifs à l'enseignement,

s'adresser soit au directeur ou au sous-directeur de l'Ecole, 10, rue Gaillon, à Paris.

La *Commission du Personnel actif des hôpitaux auxiliaires* doit s'occuper de recruter et d'enregistrer par catégories, suivant leurs aptitudes, les membres actifs pour les services des hôpitaux en cas de guerre.

C'est également à cette commission qu'incombe le soin de rechercher les locaux nécessaires à l'installation de l'hôpital auxiliaire fixe.

Pour les renseignements qui concernent le personnel féminin actif, s'adresser à la présidente de la Commission du personnel féminin de l'Association, 10, rue Gaillon, à Paris, et pour le personnel masculin, au délégué régional.

La *Commission de Propagande* a la double mission d'amener au Comité de nouvelles adhésions et de tenter, dans les centres voisins, la création de nouveaux comités ou sous-comités.

La présidente de cette commission, qui prend le titre de *Directrice de la propagande*, devra se mettre en relations avec la présidente de la Commission de propagande de l'Association, 10, rue Gaillon, à Paris.

C'est avec cette présidente que la Directrice de la propagande devra correspondre pour toute demande d'imprimés, de publications de l'Association ou de renseignements.

Il est particulièrement recommandé à toute directrice de la propagande, lorsqu'elle n'opérera pas dans le voisinage de son comité et qu'elle aura en vue la création d'un comité ou sous-comité nouveau, d'écrire, avant toute démarche, à la présidente de la commission de la la propagande du Comité central.

Celle-ci, en effet, pourra lui prêter utilement son concours, en lui fournissant les renseignements qu'elle possède sur la situation locale.

Conseil judiciaire.

Le *Conseil judiciaire* doit comprendre des hommes d'une compétence spéciale, magistrats, avocats, notaires, avoués.

Il donne son avis dans les affaires litigieuses, les legs, etc.

DEUXIÈME PARTIE

Fonctionnement des Comités en temps de paix

CHAPITRE IV

NOTE PRÉLIMINAIRE SUR LA MISSION DE L'ASSOCIATION ET DE SES COMITÉS

Rôle de l'Association et de ses Comités.

Le rôle de l'Association est de seconder, en temps de guerre, le service de santé militaire. Par suite, tout le fonctionnement des Comités doit, en temps de paix, tendre vers l'accomplissement de ce rôle.

En quoi consistent ces secours? Le décret de 1892 l'indique en ces termes.

L'intervention de l'Association est limitée au service du territoire; elle consiste : 1° à créer des hôpitaux auxiliaires dans les localités désignées par l'autorité militaire; 2° à prêter son concours au service de l'arrière en ce qui concerne les hôpitaux auxiliaires de campagne de ce service; 3° à faire parvenir aux destinations indiquées par les Ministres de la Guerre et de la Marine les dons qu'elles recueillent pour les malades et pour les blessés.

Le personnel de l'Association est autorisé à porter le brassard de la Convention de Genève. Ces brassards sont exclusivement délivrés par les Directeurs du service de santé des Corps d'armée.

Rôle particulier des Comités des ports militaires.

Dans sa séance du 20 mai 1893, le Conseil supérieur de santé de la Marine a établi le rôle des Comités des ports militaires considérés comme places de guerre.

A ces indications données par le Conseil de santé de la Marine, nous croyons utile d'en ajouter une autre : la préparation éventuelle de bateaux de sauvetage après un combat naval. Ces bateaux doivent contenir les engins de sauvetage et des lits pour les blessés, avec le matériel médico-chirurgical et les vivres nécessaires pendant le transport jusqu'à terre.

Les secours en cas de guerre maritime ne concernant qu'un très petit nombre de nos comités seront l'objet d'une notice à part qui sera envoyée à ces comités.

Rapports avec le Comité central.

Dès qu'un Comité a été inauguré, la Présidente, provisoire ou définitive, doit entrer en rapports avec le Comité central, en communiquant à M. le Secrétaire général de l'Association la liste des membres du bureau provisoire ou définitif, la liste des adhérents du Comité, avec leurs adresses, et, enfin, le compte-rendu de la séance d'inauguration.

C'est également à M. le Secrétaire général que doivent être adressées par les présidentes toutes demandes de renseignements et d'avis, lorsqu'elles éprouvent quelque embarras dans l'administration de leur comité.

Les présidentes devront faire parvenir au Comité central, pour être, s'il y a lieu, insérés au Bulletin de l'Association, les comptes rendus des Assemblées annuelles de leurs Comités, de toutes conférences, fêtes, cérémonies, distributions de secours, organisations pour l'enseignement, organisations d'hôpitaux, etc., etc.

Bulletin de l'Association.

L'Association, pour renseigner ses adhérents sur la marche générale de l'Œuvre, publie, depuis 1886, un bulletin mensuel.

Ce bulletin est envoyé gratuitement à tous les membres du Comité central.

Chaque Comité en reçoit également, à titre gratuit, six exemplaires pour le bureau et la commission administrative.

Les Comités sont mis au courant des actes de l'Association dans son ensemble par leur Commission administrative qui reçoit le Bulletin, et par le rapport que font leurs secrétaires générales aux assemblées annuelles.

Longtemps, ce moyen de communication entre le Comité central et les Membres des Comités départementaux avait paru suffisant ; mais, dans ces derniers temps, plusieurs comités ont témoigné le désir que le bulletin pût être mis à la disposition de tous leurs membres ; le Comité central ne recevant des comités que le dixième des cotisations de leurs membres ne peut pas leur envoyer le bulletin gratis ; cela serait trop onéreux pour lui ; mais il a pris une mesure qui permettra de donner satisfaction au désir dont nous venons de parler.

Tous les Membres des Comités qui voudront recevoir le bulletin mensuel, n'auront à payer, outre leur cotisation, qu'une somme de 2 fr. 50. Cette somme sera versée entre les mains de la Présidente de chaque comité. La Présidente retiendra 50 centimes et enverra 2 francs par abonnement au Comité central. Le Comité central fera adresser aux Présidentes ou aux personnes désignées par elles, autant de bulletins qu'il y aura d'abonnements, et la Présidente fera remettre le bulletin à chaque abonné ; c'est à cette distribution que seront employés les 50 centimes retenus par les Présidentes sur le prix de chaque abonnement.

Il sera possible, dans la suite, de diminuer encore le prix des abonnements au bulletin ; pour cela, il faudrait que le nombre des annonces payantes qui le terminent fût augmenté. Les Membres de l'Association, tant à Paris que dans les départements, peuvent aider beaucoup à atteindre ce résultat. Ils n'ont qu'à demander aux fabricants et aux marchands, qui ont intérêt à faire connaître leurs produits, de faire insérer une annonce dans le bulletin. Le prix de ces annonces est indiqué sur la couverture.

Délégués des Comités.

Un des moyens les plus importants d'établir des rapports étroits entre les Comités des départements et le Comité central et de maintenir l'unité de vues nécessaire au fonctionnement, consiste dans l'envoi chaque année de *délégués des comités à l'assemblée générale* de l'Association et à la réunion qui a lieu la veille de cette assemblée. (V. au chap. Ier, p. 15). C'est là un droit dont les Comités des départements ne doivent pas négliger l'usage; en l'introduisant dans ses règlements, l'Association des Dames Françaises a bien fait voir l'importance qu'elle attache aux avis des comités et aux décisions prises d'un commun accord.

Rapports des Comités avec les autorités militaires et les autorités civiles.

Les Présidentes des Comités ne doivent *jamais communiquer directement* avec les autorités militaires qui commandent la région.

Toutes leurs communications doivent passer *par voie hiérarchique,* c'est-à-dire par le délégué régional, lorsqu'elles concernent l'autorité militaire du corps d'armée.

Lorsque leurs communications s'adressent à un Ministre, c'est par l'intermédiaire de la Présidente de l'Association qu'elles doivent *obligatoirement* passer.

Les Présidentes peuvent au contraire correspondre directement pour les affaires de l'Association avec les autorités civiles : préfets, sous-préfets, commissaires de police, recteurs des académies, maires, etc.

Gestion financière des Comités.

Quelles sont les sommes qu'un Comité doit avoir amassées dès le temps de paix?

Il y a :

1° La somme nécessaire à son fonctionnement annuel ;

2° Les fonds qui peuvent être distribués aux victimes de la guerre et aux victimes des calamités publiques ;

3° Les fonds nécessaires à l'achat du matériel prévu pour le cas de guerre, à la rétribution du personnel, à la mise en état des bâtiments et à la dépense occasionnée par chaque malade.

L'instruction du 5 mai a réglé ces derniers points, nous les indiquerons au chap. X : Préparation de secours pour le cas de guerre.

Rôle, au point de vue financier, de la Présidente et de la Trésorière. — La Présidente, la Trésorière et la Commission des finances sont chargées de la gestion financière du Comité. Elles ont à veiller à la régularité de l'encaissement des cotisations, dons, etc., etc.

Le Comité central envoie gratuitement à tout Comité nouvellement fondé un registre de reçus à souches pour le recouvrement des cotisations.

Placement des fonds. — La Commission des finances ou, s'il n'en a pas été nommé, la Commission administrative, décide de la manière dont les fonds du Comité devront être placés. Elle peut employer, séparément ou conjointement, trois modes de placement :

1° Dépôt en espèces à la Caisse Nationale d'Epargne ;

2° Dépôt en espèces à la Caisse des Dépôts et Consignations ;

3° Acquisition, conformément à l'art. 18 des statuts, de fonds de l'Etat français ou d'obligations de chemins de fer dont le minimum d'intérêt est garanti par l'Etat.

Les dépôts à la Caisse Nationale d'Epargne ne peuvent excéder 8,000 francs pour chaque Comité et, d'autre part, en vertu de la loi du 20 juillet 1895, les remboursements peuvent être, éventuellement, limités à 50 francs par quinzaine. Quant à l'intérêt servi actuellement, il est de 2 1/2 °/₀.

Comme, en cas de guerre, les Comités auraient, sans délai, besoin de leurs fonds, ces retraits partiels, par sommes minimes, auraient des inconvénients qui sont de nature à détourner les Comités d'effectuer des dépôts à la Caisse Nationale d'Epargne.

On peut aussi déposer les fonds à la Banque de France, et le remboursement à vue est ainsi assuré, mais la Banque de France ne donne pas d'intérêts.

Assurer aux Comités le remboursement immédiat de leurs fonds déposés et, en même temps, un intérêt annuel, tel est le but que le Conseil d'Administration de l'Association a poursuivi et qu'il a pu heureusement atteindre.

Le Ministre des Finances a, en effet, accordé à tous les Comités la faculté de déposer leurs fonds à la Caisse des Dépôts et Consignations, établissement contrôlé et dirigé par l'Etat. Voici les conditions de ce dépôt :

Paris, le 11 mai 1894.

Le Directeur général de la Caisse des Dépôts et Consignations à Madame la Présidente de l'Association des Dames Françaises,

J'ai l'honneur de vous informer, Madame la Présidente, que la Caisse des Dépôts et Consignations est en mesure de vous prêter son entier concours pour la conservation et le remboursement des fonds appartenant à l'Association que vous présidez. Les *dépôts* seraient reçus, *sans limitation de sommes,* aux conditions des dépôts des établissements publics, par le Caissier général de la Caisse des Dépôts et Consignations, à Paris, et par le Receveur des Finances, préposé de la Caisse des Dépôts, dans chaque arrondissement. Ils seraient bonifiés d'un *intérêt fixé actuellement à 2 °/₀* et capitalisable annuellement. Quant aux *retraits de fonds,* ils pourraient, en temps ordinaire, être effectués dans un délai maximum de cinq jours. *En temps de guerre,* des mesures seraient prises pour permettre les *remboursements immédiats.*

Dès aujourd'hui, je tiens d'ailleurs à vous donner l'assurance, Madame la Présidente, que, le cas échéant, mon administration s'efforcerait de prendre toutes dispositions devant faciliter l'exécution des opérations pour lesquelles vous auriez recours à elle. Elle serait très heureuse de pouvoir ainsi collaborer à l'accomplissement de la mission si haute et si philanthropique attribuée aux Sociétés de la Croix Rouge.

Signé : LABEYRIE.

En résumé, les avantages des dépôts à la Caisse des Dépôts et Consignations sont les suivants : sécurité absolue, remboursement immédiat en cas de besoin, non-limitation du chiffre des dépôts. Quant à l'intérêt de 2 °/₀ stipulé dans la lettre ci-dessus, il a été depuis réduit à 1 1/2 °/₀.

Malgré ces avantages, il sera sage de placer la plus grande partie des fonds de réserve en valeurs choisies conformément aux indications de l'art. 18 des statuts ; l'autre partie étant déposée à la Caisse des Dépôts et Consignations, les Comités auront ainsi, en réserve, une somme qui leur permettra de parer à leurs premiers besoins, en cas de mobilisation, et ne se trouveront pas obligés de réaliser sans délai des titres qui, vraisemblablement, seraient alors dépréciés.

Dans l'intérêt des comités en particulier, et de l'Association en général, le dépôt des fonds ne doit se faire que dans les établissements publics dont nous venons de parler, et jamais dans des banques particulières, quel que soit le bon renom de ces banques. Des exemples très malheureux pour plusieurs comités ont montré le danger de ces dépôts de fonds dans des banques particulières ; il faut s'en tenir scrupuleusement sur ce point au règlement. Les trésoriers ne doivent jamais conserver chez eux des sommes importantes, mais en faire le dépôt dans les établissements dont nous venons de parler.

Versements au Comité central. — Tous les Comités doivent verser annuellement au Comité central le montant du dixième des cotisations de leurs membres.

Cette contribution est destinée à faire face aux frais généraux de l'Association. On remarquera que cette contribution ne porte que sur les *cotisations* perçues par les comités ; les sommes qui proviennent des fêtes, des legs, etc., ne sont pas soumises à la contribution annuelle du dixième ; les statuts de l'Association des Dames Françaises sont donc très libéraux à l'égard des Comités.

Les trésorières devront avoir soin d'effectuer toujours le versement dont il s'agit *avant le 1er octobre* de chaque année, *au plus tard*, soit directement à la caisse du Comité central, soit par chèque ou mandat-poste à l'ordre du secrétaire-comptable de l'Association, 10, rue Gaillon, à Paris.

En outre, le décret de 1892, mettant à la charge de l'Association un hôpital de campagne par chaque région militaire, la réunion des délégués des comités dans la séance du 22 novembre 1894 a décidé que chaque comité, ayant trois années d'existence, verserait au Comité central, pour l'achat de ces hôpitaux de campagne, le dixième de son avoir total. Ce versement n'a lieu qu'une seule fois.

Matériel de secours, cessions diverses par le Comité Central.

Le matériel de secours que doit préparer chaque Comité consiste surtout en lits complets, objets de couchage, couvertures, draps, chemises, caleçons, chaussettes, bonnets de coton, serviettes, effets d'habillement, objets de pansement, instruments de chirurgie, produits pharmaceutiques, ustensiles de cuisine et vaisselle d'hôpital. Pour l'énumération détaillée, voir les tableaux à la fin de cet ouvrage.

Suivant l'état de leurs ressources, les Comités doivent s'approvisionner d'avance de ces objets. L'instruction du 5 mai donne des règles précises, comme on le verra au chapitre X, sur la manière dont ces approvisionnements doivent être faits. Il y a lieu d'observer que certains locaux concédés aux Comités seront, en temps de guerre, mis à leur disposition, pour être transformés en hôpitaux auxiliaires, avec leur matériel de couchage, de cuisine et vaisselle : il leur sera, par conséquent, inutile de se préoccuper de cette partie du matériel.

Il arrive également que des personnes promettent des *dons conditionnels*, en cas de guerre, et s'engagent à donner aux Comités des sommes d'argent, des lits, des objets de couchage, des meubles, des vivres, du vin, du charbon, etc. Lorsque les présidentes auront obtenu des promesses de ce genre, *par écrit*, elles auront soin de s'assurer, tous les deux ou trois ans, par exemple, que les personnes qui les ont faites sont toujours en mesure de les tenir. Il est bon, d'ailleurs, de ne pas perdre de vue que ces promesses constituent des engagements purement moraux dont l'exécution ne pourra jamais être poursuivie par voie judiciaire. Les comités doivent rechercher, dès le temps de paix, *ces souscriptions conditionnelles* ; des imprimés spéciaux dont le modèle est fourni par le Comité central, facilitent ces souscriptions.

Pour les achats de matériel, on ne saurait trop engager les Comités à les effectuer dans leur ville, afin d'intéresser le plus grand nombre de personnes possible à l'existence du Comité. Si, cependant, les objets à acheter ne se trouvaient pas sur place, le Comité central, sur la demande des présidentes, les procurera au Comité qui les désirera.

Il y aura toujours intérêt pour les Comités à ce que, lorsqu'ils auront à faire des achats de matériel, la présidente de leur Commission du matériel se mette en rapports avec la présidente générale des Commissions du matériel, 10, rue Gaillon, à Paris, qui lui fournira toutes indications utiles, soit qu'il s'agisse du matériel de secours, soit qu'il s'agisse du matériel de décoration des salles de réunions, des expositions, etc.

Ouvroirs.

Les séances d'ouvroir sont fixées par la Commission administrative. Les Comités doivent tâcher d'amasser rapidement de grandes provisions d'objets de pansement et de lingerie d'hôpital, objets qui n'ont pas à craindre de détériorations, pourvu qu'ils soient de temps en temps vérifiés, blanchis et soigneusement empaquetés.

Tout comité nouvellement formé reçoit gratuitement du Comité central une caisse de modèles de pièces de pansement.

Si le local qui sert de siège au Comité ne pouvait être utilisé pour l'ouvroir, une demande de concession gratuite d'un local, adressée à la Municipalité, serait presque toujours accueillie.

Matières à enseigner aux Dames ambulancières.

L'enseignement comprend au minimum 20 leçons et exige le concours de médecins qui donneront des notions sur :

L'hygiène élémentaire. — 4 leçons environ.

L'anatomie et la physiologie dans leurs rapports avec les fonctions des ambulancières. — 4 leçons.

La pharmacie. — 2 leçons.

Le rôle des ambulancières. — 1 leçon.

Les soins généraux aux malades et aux blessés. — 5 leçons.

L'art des pansements, la petite chirurgie. — 4 leçons avec exercices pratiques.

Pour faciliter l'enseignement, un livre qu'on peut se procurer au siège de l'Association, 10, rue Gaillon, donne le résumé des cours faits à Paris. Un questionnaire spécial permet de se bien préparer aux examens.

Les matières de l'enseignement peuvent être réparties sur deux ou trois années.

Il est extrêmement utile de poser des questions aux élèves après chaque leçon et de leur faire exécuter toutes les préparations et toutes les manœuvres pratiques.

L'enseignement donné dans ces cours est très utile aux mères de famille et dispose parfaitement les esprits les moins préparés à comprendre tous les services dont se compose un hôpital ; mais il n'est pas complet ; il lui manque la pratique des pansements, des soins aux malades et aux blessés, et l'habitude de la discipline particulière aux hôpitaux. Nous engageons donc très vivement les personnes qui ont bien suivi les cours, à assister aux visites des médecins et des chirurgiens dans l'hôpital de leur ville, et à s'initier sous leur direction aux fonctions qu'elles auraient à remplir en cas de guerre. De plus, elles feront bien, quand elles se sentiront suffisamment préparées, de se présenter aux examens pour le diplôme d'ambulancière. Ces examens ont lieu chaque année à Paris, vers la fin de mai, au siège de l'Association. Le diplôme est une garantie de leur savoir et leur permet de devenir elles-mêmes dames répétitrices dans leur comité ; elles contribueront ainsi par leur exemple et par leurs leçons à former des groupes de femmes instruites sans lesquelles les bonnes volontés seules ne donneraient, comme en 1870, que des résultats médiocres ou même mauvais. Enfin nous rappellerons que l'hôpital des Dames Françaises situé 93, rue Michel-Ange, est ouvert aux Dames des départements dans certaines conditions. Il faut que leur demande soit apostillée par la présidente de leur Comité et accompagnée d'une note du médecin qui donne l'enseignement dans ce Comité ; il faut en outre qu'elles s'engagent à faire à l'hôpital des Dames Françaises le service qui leur sera désigné.

Enseignement particulier pour les brancardiers infirmiers.

Les Comités importants doivent former un groupe de brancardiers infirmiers, qui seront chargés du transport des militaires de la gare à l'hôpital et peut-être, dans les villes investies, du relèvement des blessés. Le Comité central donne aux Comités le programme des cours spéciaux à faire à ces groupes. Dans certaines villes on peut s'assurer le concours des Sociétés de sauveteurs, de secouristes ou d'autres analogues.

L'instruction des brancardiers infirmiers doit comprendre deux parties bien distinctes : 1° le relèvement et le transport des blessés ; 2° les premiers secours à donner, soit en attendant le médecin, soit en exécutant ses ordres. Les brancardiers ont un uniforme spécial.

Qualités que doit avoir l'enseignement. — Il doit être concis ; il doit parler surtout aux yeux, n'employer ni mots grecs, ni mots latins quand on peut exprimer la même chose en langage ordinaire ; il ne doit pas s'écarter du programme. En un mot, il doit être fait uniquement en vue de l'instruction pratique des élèves ; chaque leçon ne doit durer qu'une heure. Pour être admis à suivre les cours, il faut savoir lire et écrire, connaître le système décimal et être vacciné.

Locaux pour les cours. — Pour éviter les frais de location, on devra demander une salle dans la mairie, dans une école ou encore dans tout autre bâtiment public ; c'est dans cette salle que se tiendront les réunions de la Commission administrative, les séances d'ouvroir, les séances d'enseignement et que l'on conservera le matériel de secours.

CHAPITRE V

DONS AUX MILITAIRES ET AUX CIVILS

Rôle de l'Association et de ses Comités en ce qui concerne les dons.

Le décret du 19 octobre 1892 dit que l'Association a pour mission de faire parvenir aux malades et aux blessés de l'armée les dons qu'elle reçoit de la générosité publique.

D'autre part, les statuts portent, article 2, que son concours pourra être offert aux autorités, en cas de calamités ou de désastres publics.

Dons aux militaires.

Des *dons en nature* sont adressés constamment par le Comité central ou par les Comités des départements à nos soldats envoyés en expédition : c'est ainsi qu'il a été fait de nombreux envois aux corps expéditionnaires de Tunisie, du Tonkin, du Soudan, du Dahomey, de Madagascar, etc., etc.

Les objets à envoyer sont généralement des vins toniques, du vin de quinquina, du lait conservé ou pasteurisé, des eaux minérales, du vin de Champagne, des conserves de légumes fins, des biscuits, du chocolat, du sulfate de quinine, des chemises, des chaussettes, des ceintures de flanelle, du papier à lettres, des enveloppes, des crayons, des porte-plumes et des plumes à écrire, des jeux de lotos, de dominos, de dames, des livres moraux, intéressants et amusants, des journaux illustrés, du tabac à fumer, du papier à cigarettes, des pipes, etc,

Toutefois, comme le climat et les ressources des pays où vont les troupes sont variables, et comme, dans telle ou telle contrée, tels ou tels objets sont plus nécessaires que d'autres, le Conseil d'Administration a pris pour règle de consulter toujours les commandants en chef des corps expéditionnaires sur la nature des objets à envoyer de préférence. Les Comités sont avisés des réponses faites par ces officiers.

Il est bon que les Comités se procurent sur place, autant que faire se peut, soit au moyen de dons volontaires, soit par des achats chez des commerçants de la ville, les objets à envoyer. Cependant, si un Comité, désireux de faire un envoi à nos troupes, ne pouvait, en raison du manque de ressources locales, s'approvisionner en objets nécessaires, il n'aurait qu'à adresser une somme au Comité central et celui-ci effectuerait l'envoi au nom du Comité donateur.

Autant que possible, le cachet ou l'étiquette de l'Association sont apposés sur les objets envoyés. L'emballage doit être fait avec soin et quand les colis sont transportés par mer, il faut doubler les caisses de fer blanc ou de zinc. Ces caisses doivent porter sur plusieurs faces le nom et l'adresse du Comité qui envoie.

En ce qui concerne le transport des colis contenant des dons pour les militaires, il n'y a pas de règles constantes. Le plus souvent, les Ministères de la Guerre, de la Marine ou des Colonies se chargent de faire parvenir à destination les dons en nature ; ces ministères, au début de chaque campagne, donnent à l'Association des instructions spéciales, qui sont portées à la connaissance des Comités par la voie du *Bulletin de l'Association*.

En cas de doute, les Présidentes devront toujours demander la marche à suivre au Secrétariat général de l'Association, 10, rue Gaillon, à Paris.

Les Comités doivent faire leur possible pour recevoir des destinataires l'attestation de la bonne arrivée et de la distribution de leurs dons, de manière à pouvoir fournir les preuves qu'on peut demander à une bonne administration.

Parfois aussi, des *dons en argent* peuvent être utiles aux soldats rapatriés ou sortant des hôpitaux militaires. Dans ce cas, les sommes dont veulent disposer les Comités peuvent être adressées à un Comité qui, par sa situation géographique, pourra en assurer la bonne distribution en les versant directement aux intéressés, au nom du Comité donateur. Les envois d'argent pourront être adressés également aux médecins en chef des hôpitaux militaires, aux généraux commandant les corps d'armée, les divisions, les brigades, et même aux Gouverneurs de colonies et aux Préfets.

Très souvent des demandes de livres sont faites pour des forts ou des postes isolés, des bibliothèques de sous-officiers ; l'Association est en mesure d'y répondre favorablement ; mais il faut que les Présidentes soient certaines que ces demandes sont faites par des officiers.

Lorsque des soldats rapatriés se présentent aux Comités pour obtenir un secours, soit en vêtements civils, soit en argent, il faut avoir soin de faire examiner leurs livrets par la gendarmerie, ou par le commandant de la place s'il y a une garnison, car l'expérience a montré qu'il y a beaucoup d'abus, surtout de la part de soldats de passage.

Dans le cas où le demandeur réside dans le pays, une personne du Comité doit se rendre à son domicile pour s'enquérir de la situation de sa famille, afin de proportionner les secours aux besoins.

Lorsque des demandes viennent de pays où l'Association n'a pas de Comités et où les autres Sociétés de la Croix Rouge en ont, c'est à ces Sociétés qu'il faut renvoyer le demandeur.

Aucun Comité ne doit recommander un soldat à

d'autres Comités, à cause des abus. Il y a des rapatriés ou des soldats de la légion étrangère qui vont de Comité en Comité avec de prétendues recommandations, et vivent pendant de longs mois des secours abondants qu'ils ont reçus, sans chercher à travailler ou à rentrer dans leur pays.

Dons aux Civils.

En cas de calamités publiques ou d'épidémies désolant une partie de la France ou des colonies, des dons peuvent être envoyés par les Comités pour les victimes de ces fléaux.

Les *dons en nature* consistent le plus souvent en linge, vêtements, couvertures et objets de couchage, vivres, vins, etc...

Quant aux *dons en argent*, il y a avantage à les transmettre par l'intermédiaire du Comité central, qui donne mission à une déléguée d'aller sur place faire la distribution des secours si la catastrophe a été considérable. Si elle ne l'est pas, les sommes pourront être adressées par les Comités aux maires des communes atteintes par le fléau, et cela, toujours par l'intermédiaire du préfet du département.

Le bureau du Conseil de l'Association est juge des cas où un appel en faveur des sinistrés peut être adressé aux divers Comités de l'Association.

Un Comité en particulier ne peut adresser directement des demandes de secours à d'autres Comités ; il faut que cette demande passe par le Comité central.

Quelque grande que soit une calamité, il ne faut pas oublier qu'on ne peut employer à en secourir les victimes que les fonds disponibles annuellement et un vingtième du fonds de réserve (art. 20 des statuts). L'Association n'a même jamais consacré une si forte part de ses ressources à une calamité publique ; mais les Comités peuvent organiser des fêtes ou des souscriptions spéciales pour une calamité, sans toucher à ses propres fonds.

Dons aux belligérants à l'étranger.

Lorsque le Conseil de l'Association a décidé qu'il y a lieu d'intervenir en faveur des armées étrangères, il avise les Comités et les engage à ouvrir des souscriptions particulières pour ces secours ; l'art. 21 du Règlement porte qu'il ne faut jamais, pour ce cas, toucher aux fonds de réserve. Voici quelques exemples d'envois de secours à l'étranger par l'Association : en 1886, guerre entre la Serbie et la Bulgarie ; en 1897, guerre Gréco-Turque ; en 1898, guerre Hispano-Américaine ; en 1900, guerre Anglo-Boërs.

CHAPITRE VI

MOYENS D'ACCROÎTRE LES RESSOURCES DES COMITÉS

Fêtes. — La plupart des Comités ne sauraient, au moyen de leurs ressources ordinaires, qui sont les cotisations et les dons, suffire à leurs besoins et, en outre, amasser un fonds de réserve.

Aussi beaucoup d'entre eux se sont-ils avisés de se créer des ressources exceptionnelles en organisant des souscriptions, des quêtes à domicile, des kermesses, des bals, des concerts ou des matinées musicales et littéraires, des ventes, des loteries ou des messes commémoratives.

Pour l'organisation de ces fêtes ou cérémonies on peut nommer des Commissions spéciales composées de personnes particulièrement compétentes. Il faut que ces Commissions commencent par se rendre compte des dépenses à faire avant d'en venir à l'exécution du projet ; sans cela et sans conventions écrites on a parfois des surprises désagréables ; c'est pour cela qu'il est utile d'avoir dans ces Commissions des Messieurs sur l'expérience et le dévouement desquels on puisse compter.

Souscriptions, quêtes à domicile. — Les *souscriptions* peuvent être surtout demandées aux conseils généraux, aux conseils municipaux, aux ordres d'avocats, aux chambres des notaires, d'avoués, d'huissiers, aux compagnies d'agents de change, aux chambres de commerce ou aux chambres syndicales.

Les *quêtes à domicile* ne peuvent être bien faites que par des personnes appartenant aux Comités et ayant beaucoup de relations ; il est arrivé que des individus se sont présentés au nom de l'Association et ont abusé de la sympathie qu'elle inspire, pour recueillir des sommes qu'ils ne lui remettaient pas.

Le Comité central n'a jamais eu recours aux quêtes à domicile en temps de paix ; mais en temps de guerre, ces quêtes, bien contrôlées, sont un très fructueux moyen.

Kermesses et bals. — Les *kermesses* et les *bals* ont généralement un heureux résultat pour les finances des Comités, à la condition que les personnes qui y assistent soient toutes d'une tenue irréprochable. Les Présidentes devront donner des ordres aux Commissions pour que l'entrée des locaux où se tiendra la fête soit interdite à quiconque pourrait occasionner du scandale ; car il importe, pour le bon renom de l'Association, que toutes les fêtes données par elle conservent leur réputation de moralité, d'élégance et de bon ton.

Concerts et matinées musicales et littéraires. — Les *concerts* et les *matinées musicales et littéraires* réussissent ordinairement bien, soit lorsque le Comité compte quelques amateurs qui consentent à exécuter des morceaux de musique, à chanter ou à jouer en public, soit lorsqu'une personne est en relations avec des artistes de profession et peut, sans frais, ou moyennant une indemnité très faible, obtenir leur concours.

Il est recommandé aux Présidentes de veiller personnellement à ce que le programme comprenne toujours un certain nombre de pièces ou morceaux patriotiques et à ce que les artistes ne perdent pas de vue que leur public se compose en grande partie de mères de famille, de jeunes filles et d'enfants.

Ventes et loteries. — C'est surtout dans les villes populeuses qu'elles ont des chances de succès.

Les *loteries* sont considérées, à juste titre, comme un des moyens les plus pratiques de recueillir des sommes importantes.

D'abord, les frais d'organisation en sont minimes, puis, le placement des billets est aisé, surtout lorsque le prix n'en est pas élevé, 50 centimes ou 1 franc, au maximum.

Quant aux lots, les commerçants de la ville se font généralement un plaisir d'en donner pour une œuvre patriotique.

Il est arrivé, parfois, que des Présidentes, oubliant qu'*elles n'ont pas qualité pour correspondre directement avec les autorités autres que le Préfet de leur département,* ont sollicité des lots de M. le Président de la République ou encore de MM. les Ministres. Ces demandes ont motivé des observations résumées dans la lettre ci-après qu'il paraît utile de reproduire :

Le Ministre de la Guerre à Madame la Présidente de l'Association des Dames Françaises, à Paris.

J'ai reçu du Comité de l'Association des Dames Françaises de X... une demande tendant à obtenir du département de la Guerre un lot pour une loterie organisée par ce Comité.

J'ai l'honneur de vous informer qu'il a été décidé, d'une manière générale, que le département de la Guerre ne participerait pas aux loteries ou tombolas organisées par les Sociétés d'Assistance aux malades et blessés militaires. Cette décision de principe a déjà été appliquée plusieurs fois et j'ai le regret de ne pouvoir faire une exception en faveur du Comité de X...

En notifiant cette décision à votre Comité de X..., je vous serais très obligé de vouloir bien rappeler expressément les instructions *déjà données à différentes reprises* et aux termes desquelles *aucune lettre, de quelque nature qu'elle soit,* ne doit me parvenir autrement que par votre intermédiaire.

Agréez, etc...

Les demandes d'autorisation pour organiser des loteries doivent être adressées au Préfet de Police pour le département de la Seine et aux Préfets ou Sous-Préfets pour les départements.

Lorsque les autorisations sont accordées, ce qui malheureusement est devenu fort rare depuis l'application d'une jurisprudence récente de l'administration supérieure, il faut observer scrupuleusement les conditions fixées par l'arrêté préfectoral.

Le tirage de la loterie peut donner lieu à une réunion avec conférence ou concert, c'est un bon moyen de propagande.

Cérémonies religieuses. — Beaucoup de Comités font dire des *messes commémoratives* pour les soldats morts pendant la guerre de 1870-71 ou pendant les expéditions coloniales. A ces messes il faut toujours joindre une quête au profit du Comité, quête qui est souvent assez fructueuse.

Dans une pensée patriotique, le clergé fait généralement remise au Comité des frais de la cérémonie.

Il convient d'inviter à ces messes toutes les autorités et tous les fonctionnaires résidant dans la ville, ainsi que des délégations de toutes les sociétés patriotiques.

Conférences. — Souvent les Comités ont intérêt à organiser des conférences.

Ces conférences sont surtout nécessaires lorsque, un Comité venant de se fonder, il faut faire connaître l'Association au public local, ou bien lorsqu'il y a lieu d'éclairer les adhérents sur certains points particuliers du fonctionnement.

Le Conseil d'Administration du Comité central a créé récemment une section de conférenciers. Ce sont des orateurs, sénateurs, députés, hommes de lettres, avocats, médecins ou fonctionnaires qui veulent bien apporter à l'Association l'appui de leur parole.

La Présidente de cette section est presque toujours en

mesure de désigner un conférencier à toute Présidente qui s'adressera à elle, 10, rue Gaillon, à Paris.

Il est nécessaire d'accompagner toute demande de conférencier d'indications précises sur : 1° la date de la conférence ; 2° le choix de la personne qui présidera la conférence ; 3° l'objet de la conférence ; 4° la situation locale au point de vue politique et religieux ; 5° les événements marquants qui ont pu se passer dans le pays pendant la dernière guerre ; 6° le nombre présumé d'auditeurs.

Il sera bon que ces demandes de conférencier et ces renseignements soient adressés le plus longtemps possible à l'avance.

Les frais des conférences sont à la charge des Comités.

Lorsque les Présidentes le pourront, elles tâcheront de trouver sur place un orateur qui voudra bien faire une conférence. Elles demanderont au Comité central tous les documents nécessaires au conférencier, et ces documents leur seront aussitôt envoyés. Les sujets des conférences sont ordinairement l'exposé du but et des actes de l'Association, l'organisation des Sociétés de la Croix Rouge, les questions scientifiques qui se rattachent aux soins à donner aux victimes de la guerre, les récits patriotiques, etc. On en bannit sévèrement toutes les questions irritantes, et on a soin de leur conserver le caractère moral élevé qui convient à une Société comme celle des Dames Françaises.

CHAPITRE VII

PARTICIPATION DES COMITÉS A DES EXPOSITIONS ET A DES CÉRÉMONIES PUBLIQUES

Expositions. — Il peut y avoir avantage à ce que les Comités des départements prennent part à des expositions organisées, soit dans la ville même où est leur siège, soit dans une ville de la région. Dans ce cas, il appartient à la Commission administrative d'émettre un vœu favorable à cette participation du Comité. Ce vœu est transmis par la Présidente au Conseil d'Administration de l'Association qui prononce s'il doit ou non y être donné suite.

Si la décision du Conseil d'Administration est favorable, la Commission des expositions du Comité central est invitée à se concerter avec la Présidente du Comité en vue des mesures d'exécution à prendre. Cette collaboration du Comité central a toujours été jusqu'ici très-utile aux expositions des départements.

Cérémonies publiques. — Les seules cérémonies publiques auxquelles il peut être admis que les Comités envoient une délégation pour les représenter sont celles qui ont un caractère *patriotique ou officiel et où l'armée a sa place marquée.*

Dans certains cas, les Comités peuvent participer à ces cérémonies d'une façon plus utile encore, soit en installant un poste de secours, soit en envoyant des Dames capables de donner des soins aux blessés ou aux malades, et qui, portant l'insigne de l'Association, circuleront dans la foule, prêtes à secourir les victimes d'accidents, d'insolations ou de syncopes.

CHAPITRE VIII

POLÉMIQUES CONTRE L'ASSOCIATION ; PROCÈS

Polémiques et diffamations. — Il est arrivé trop souvent que l'Association, à ses débuts, a été méconnue et que son caractère a été dénaturé. Des esprits, parfois malveillants, parfois abusés et ignorants de la vérité, l'ont accusée tantôt d'être antireligieuse, tantôt d'être l'instrument du clergé; tantôt de poursuivre un but politique, révolutionnaire suivant les uns, réactionnaire suivant les autres. La vérité est que l'Association ne s'occupe ni de religion, ni de politique, tout en étant profondément respectueuse de toutes les croyances et des institutions établies.

L'Association s'est vue, par suite, à plusieurs reprises, obligée de demander justice aux tribunaux de ces accusations sans fondement. Elle a obtenu gain de cause chaque fois qu'elle a engagé une instance (Dijon, 1889. — Troyes, 1891. — Bourges, déc. 1899).

Si donc, il venait à la connaissance des Présidentes que des attaques aient été dirigées contre l'Association, soit par la voie de la presse, soit par la parole dans un endroit public, il est de leur devoir de signaler au Conseil d'Administration ces diffamations et de lui communiquer les journaux où elles ont pu être reproduites.

Le Conseil d'Administration examinera avec soin quelle suite doit être donnée à l'affaire et s'empressera de faire connaître ses vues à cet égard à la Présidente du Comité qui aura été en butte à des calomnies de nature à nuire à son développement ou à paralyser une œuvre qui a assumé la mission de servir l'armée et la patrie.

Affaires contentieuses; procès. — Chaque fois qu'il se produira une affaire contentieuse pouvant engager l'Association dans une instance judiciaire, soit comme défenderesse, soit comme demanderesse, la Présidente du Comité de la ville où les intérêts de l'Œuvre seront en jeu devra immédiatement réunir, *avant tout autre acte*, le Conseil judiciaire de ce Comité ou, s'il n'en a pas été nommé, la Commission administrative. Cette Commission formulera son avis qui, sans retard, devra être transmis, avec un exposé de l'affaire et tous les documents la concernant, à M. le Secrétaire général, 10, rue Gaillon, à Paris.

Le Conseil judiciaire de l'Associaton sera appelé à prendre une décision définitive sur la suite à donner.

En cas de procès, le Conseil d'Administration donnera pouvoir à l'un de ses membres pour ester en justice au nom de l'Association, car, aux termes des statuts, les Comités n'ont pas qualité pour soutenir des actions judiciaires. Ce droit appartient à l'Association seule, représentée par son Conseil d'Administration.

Nous appelons particulièrement l'attention sur les contestations auxquelles des testaments peuvent donner lieu en disant, par exemple : Je lègue à la Société de la Croix Rouge. Comme il n'y a pas en France une société particulière qui ait ce titre, il faut, pour éviter des contestations, bien spécifier l'Association des Dames Françaises, ou, si cela n'a pas été fait, il faut que les Présidentes, en présence d'un testament sujet à diverses interprétations, recherchent les relations que le testateur a pu avoir avec les membres de notre Association, de manière à bien établir ses intentions.

CHAPITRE IX

ASSEMBLÉES ANNUELLES DES COMITÉS

But de l'Assemblée annuelle. — Aux termes de l'article 23 des statuts, chaque année, les Comités des départements doivent se réunir pour entendre le rapport fait par la Présidente ou la Secrétaire générale du Comité sur la situation et les actes. Il est essentiel de faire approuver la situation financière par l'Assemblée. Ce rapport doit, par les soins de la Présidente, être adressé au Conseil d'Administration, à Paris.

Tous les cinq ans, l'Assemblée procède au renouvellement de la Commission administrative. Les membres qui paient la cotisation réglementaire seuls ont le droit de vote.

La séance peut être suivie d'un concert ou d'une matinée.

Présidence de l'Assemblée. — Il est d'usage d'offrir la présidence de l'Assemblée soit à un sénateur du département, soit au député de l'arrondissement, soit au préfet, soit au sous-préfet, soit au maire de la ville ou à une notabilité invitée à cet effet. Il y a quelquefois des situations politiques toutes locales qui doivent faire préférer un président étranger aux causes de division.

Il y a souvent avantage à ce que le président de l'Assemblée prononce une allocution.

Concours d'une musique militaire. — Lorsque le concours d'une musique militaire peut être demandé pour rehausser l'éclat de la cérémonie, la Présidente doit, au moins une quinzaine de jours avant la date de l'Assemblée, prier le délégué régional de solliciter ce concours de l'autorité militaire.

CHAPITRE X

PRÉPARATION DE SECOURS POUR LE CAS DE GUERRE

Cette préparation comprend les hôpitaux auxiliaires du territoire et les hôpitaux auxiliaires de campagne, mais ces derniers hôpitaux, dont il est question dans l'article 2 du décret de 1892, ne concernent que les comités les plus importants de chaque région ; les autres comités contribuent seulement à leur achat, comme il a été dit à la page 40.

Quant aux hôpitaux auxiliaires du territoire, tous les Comités doivent s'efforcer d'en préparer.

Il est extrêmement important de ne pas laisser se disséminer et peut-être s'égarer les pièces qui concernent cette préparation ; nous recommandons donc à chaque Comité d'avoir un *carton de la mobilisation*. Toutes les pièces manuscrites ou imprimées relatives au fonctionnement des Comités en cas de guerre, telles que : instructions officielles, instruction du Comité central, lettre du délégué régional, engagement du personnel, promesse de matériel, concession des propriétaires des locaux, conventions faites avec ces propriétaires, journal de mobilisation, instruction du 5 mai 1899, etc, seront réunies dans ce *carton de la mobilisation*, dont la Présidente du Comité aura la garde, de manière qu'on ait toujours sous la main tous les documents nécessaires au moment du besoin.

1° DES HOPITAUX AUXILIAIRES DU TERRITOIRE.

L'instruction du 5 mai publiée par le Ministre de la Guerre, donne très en détail l'organisation de ces hôpitaux ; elle a été envoyée par le Comité central aux Délégués régionaux et aux Présidentes des Comités ; mais elle contient beaucoup de pages qui ne concernent que les services de l'armée et non ceux des sociétés ; pour éviter des confusions, nous allons donner ici les grandes lignes de ces organisations, en nous occupant successivement du classement des hôpitaux, de l'arrivée des malades, des locaux, du personnel, du matériel, des fonds, du fonctionnement et du journal de mobilisation.

Classement des Hôpitaux auxiliaires du territoire.

Classement suivant leur destination. — Il y a des hôpitaux généraux et des hôpitaux spéciaux.

Les hôpitaux généraux reçoivent à la fois des malades et des blessés et même des malades contagieux.

Les hôpitaux spéciaux ne traitent que des malades y compris les contagieux, ou que des blessés seulement.

Il y a aussi des hôpitaux consacrés exclusivement aux convalescents.

En cas de nécessité, ces distinctions disparaissent et les hôpitaux doivent recevoir tous les soldats qui leur sont adressés par le Directeur du service de santé.

Classement suivant leur état de préparation. — Trois catégories bien distinctes :

1° Les hôpitaux dont la préparation est achevée et qui peuvent fonctionner dès le neuvième jour de la mobilisation ;

2° Les hôpitaux dont la préparation est assez avancée

pour qu'on puisse admettre qu'elle sera complétée au seizième jour de la mobilisation ;

3° Les hôpitaux dont la préparation est trop incomplète pour qu'il y ait lieu de déterminer à l'avance le jour de leur ouverture.

Quelles sont les conditions à remplir pour qu'un hôpital soit classé dans l'une de ces trois catégories ?

ART. 53. — Sont classés en *1re série* les hôpitaux auxiliaires du territoire dont les sociétés ont constitué, dans les conditions spécifiées aux huit derniers alinéas du présent article, la totalité du personnel, du matériel et des fonds nécessaires pour le fonctionnement de ces formations sanitaires pendant deux mois.

En *2e série*, les hôpitaux auxiliaires du territoire dont les sociétés ont constitué, dans les conditions spécifiées aux huit derniers alinéas du présent article, au moins la moitié des ressources en personnel, matériel et fonds nécessaires pour le fonctionnement de ces formations sanitaires pendant deux mois, sous la réserve que la constitution des ressources portera simultanément sur toutes les catégories de personnel et les divers objets du matériel.

En *3e série*, tous les hôpitaux auxiliaires du territoire dont les ressources constituées en personnel, matériel et fonds n'atteignent pas la limite fixée à l'alinéa qui précède.

Il n'est tenu compte pour le classement des hôpitaux auxiliaires du territoire, en 1re ou en 2e série, que du personnel régulièrement engagé par les sociétés d'assistance et des fonds qu'elles possèdent effectivement. (Voir notice n° 8 et art. 63.)

De même les objets qui composent le matériel technique des hôpitaux, tels que les instruments de chirurgie, les matériaux de pansement, les appareils pour fractures et certains objets à l'usage spécial des malades (Voir notice n° 9), doivent être réellement acquis dès le temps de paix pour les hôpitaux auxiliaires du territoire de 1re ou de 2e série.

Par contre, les autres objets de matériel nécessaires pour les hôpitaux auxiliaires du territoire peuvent être constitués, quelle que soit la série dans laquelle ces hôpitaux sont classés, au moyen de *promesses écrites de dons ou de prêts,* à la condition que lesdites promesses soient consenties par des personnes qui possèdent effectivement, dès le temps de paix, le matériel qu'elles s'engagent à fournir au moment de la guerre.

En outre, parmi les effets d'habillement pour malades, ceux en laine ou en flanelle pourront être constitués dans les hôpitaux auxiliaires du territoire de toute série au moyen de *marchés écrits et conditionnels,* à la double condition que les personnes signataires de ces marchés soient notoirement en mesure de tenir leurs engagements et que les sociétés d'assistance mettent en réserve les sommes nécessaires pour acquitter au moment voulu le prix des objets qui devront leur être livrés.

La fourniture des médicaments et accessoires de pharmacie, ainsi que des objets en caoutchouc ou en gomme, pourra être également assurée dans un hôpital auxiliaire du territoire, de toute série, par un marché écrit et conditionnel régulièrement conclu entre la société intéressée et un ou plusieurs pharmaciens exerçant dans la ville même ou du moins dans la région de corps d'armée où doit être établi cet hôpital auxiliaire.

Les clauses du marché feront ressortir le prix approximatif de la fourniture de médicaments pour deux mois et la société devra mettre en réserve une somme correspondant à ce prix.

Enfin les objets nécessaires pour le *blanchissage du linge et la désinfection des effets* pourront ne pas être constitués dans les hôpitaux auxiliaires du territoire, à quelque série qu'ils appartiennent, si les sociétés peuvent faire assurer ce service à l'entreprise en dehors des hôpitaux.

En ce cas, un marché conditionnel sera régulièrement passé avec un entrepreneur de la ville.

Quant aux objets qui sont portés sur la notice n° 9, annexée à la présente instruction avec la mention « peuvent n'être acquis qu'au moment de la mobilisation », il n'y aura pas lieu d'en tenir compte lorsqu'il s'agira de déterminer le classement des hôpitaux temporaires du territoire en 1re, 2e et 3e séries.

Par qui ce classement est-il fait ?

Art. 54. — Le classement des hôpitaux auxiliaires du territoire est fait dans chaque corps d'armée, ou gouvernement militaire, conformément aux prescriptions des art. 52 et 53 qui précèdent, par le Directeur du service de santé, qui fait vérifier le nombre et la qualité des objets acquis par les sociétés d'assistance par une Comsion composée de deux médecins, dont un sera, autant que possible, le médecin militaire chargé de la préparation des hôpitaux temporaires du territoire dans la ville et d'un officier d'administration du service des hôpitaux. Toutefois cette commission ne fonctionnera que dans les villes de garnison qui possèdent le personnel nécessaire pour la constituer.

Dans les autres villes, le rôle de vérification attribué à ladite Commission sera rempli par un médecin militaire, autant que possible par le médecin militaire chargé de la préparation des hôpitaux temporaires du territoire dans la ville.

Comment se fait la répartition des malades et des blessés entre les divers hôpitaux ?

Cette répartition est faite par le Directeur du service de santé de la région militaire, en tenant compte, dans la mesure du possible, de la destination spéciale attribuée à chaque hôpital.

Comment se fait le transport des malades ?

Désormais ce transport, depuis la gare la plus voisine jusqu'à l'hôpital auxiliaire, devra être fait au moyen des voitures fournies par les sociétés d'assistance. L'article 64, de la nouvelle instruction, a donc changé les dispositions précédentes desquelles il résultait que c'était l'autorité militaire qui devait faire ces transports. L'article 64 contient le paragraphe suivant :

Lorsque les sociétés d'assistance ne peuvent pas assurer ce transport par leurs propres ressources, elles chargent leurs Délégués régionaux d'en informer le Directeur du service de santé qui y pourvoira, soit au moyen des voitures de l'armée, soit au moyen des voitures de particuliers, louées ou réquisitionnées.

LOCAUX

Quels sont les bâtiments qui peuvent être recherchés ?

Art. 6. — Les hôpitaux auxiliaires du territoire sont établis :

1° Dans les lycées, collèges, pensionnats, asiles, grands hôtels meublés qui, possédant déjà des lits, des objets de couchage, un matériel de cuisine, etc., peuvent être facilement transformés en hôpitaux, s'ils remplissent, d'ailleurs, les conditions hygiéniques requises pour cette destination ;

2° Dans les établissements ou locaux de toute nature qui, par leur disposition générale, leur situation, leur étendue, paraissent pouvoir être utilisés pour l'installation d'un hôpital provisoire.

Qui prononce l'affectation des bâtiments ?

Art. 7. — Le Ministre de la guerre prononce dès le temps de paix, par application de la loi du 3 juillet 1877 sur les réquisitions militaires, l'affectation au service de santé militaire, pour la durée des opérations de guerre, des établissements dont ce service a besoin pour assurer l'hospitalisation des malades ou blessés de l'armée.

Règles particulières aux établissements d'instruction publique.

Les établissements consacrés à l'instruction publique tant par l'Etat, les départements ou les communes que par les particuliers, sont mis en principe à la disposition du service de santé de l'armée.

Les établissements de cet ordre qu'il y aurait lieu de laisser à leur destination normale seront désignés dès le temps de paix d'accord entre le Ministre de la guerre et son collègue de l'instruction publique ou des autres départements ministériels intéressés. Dans tous les cas le Ministre de la guerre notifie dès le temps de paix à ses collègues des autres départements ministériels intéressés les décisions qu'il a prises au sujet des établissements placés sous leur administration. Ces notifications comportent l'indication du jour de la mobilisation à partir duquel chaque établissement doit être mis à la disposition du service de santé militaire.

Dans les régions de corps d'armée, le Directeur du service de santé adresse des notifications identiques :

a) Au directeur ou au propriétaire (ou au locataire) de chaque établissement affecté au service de santé ;

b) A l'autorité civile du corps d'armée (préfet, recteur,

inspecteur d'académie, maire) intéressés à connaître les décisions du Ministre.

C'est le Ministre de la guerre qui concède les locaux aux Sociétés.

Art. 46. — Le Ministre de la guerre concède dès le temps de paix aux sociétés d'assistance le droit d'utiliser, à la mobilisation, certains établissements, pour l'installation des hôpitaux auxiliaires du territoire.

Les établissements appartenant à des particuliers ne sont mis à la disposition des sociétés qu'avec le consentement des propriétaires ou locataires intéressés. Ce consentement doit être donné par écrit. Il est bon aussi pour maintenir un utile accord entre les Comités et l'administration locale que, suivant le cas, une délibération du Conseil municipal ou du Conseil général, pour les établissements communaux ou départementaux, autorise les Comités à faire usage de ces établissements en cas de guerre.

A qui et par qui les demandes pour l'établissement d'un hôpital doivent-elles être adressées ? Pièces nécessaires.

Art. 47. — Les demandes formulées en vue de la concession des établissements sont adressées dans chaque région de corps d'armée ou de gouvernement militaire par les délégués régionaux des sociétés d'assistance au Directeur du service de santé qui les soumet à l'appréciation du général commandant la région de corps d'armée ou le gouvernement militaire.

Si des raisons d'ordre militaire paraissent s'opposer à leur acceptation, le général commandant la région de corps d'armée ou le gouvernement militaire transmet les demandes avec ses observations au Ministre de la guerre (7e direction) qui statue.

Dans le cas contraire, cet officier général les retourne au Directeur du service de santé qui les instruit et fait visiter par un médecin militaire du corps d'armée ceux des établissements auxquels elles s'appliquent qui n'ont pas encore été l'objet de l'étude prescrite par l'article 21 de la présente instruction.

Dès qu'il s'est procuré tous les renseignements dont il a besoin, le Directeur du service de santé établit à propos de chaque demande, un rapport détaillé dont les conclusions font ressortir nettement, si l'établissement recherché par l'une ou l'autre des sociétés d'assistance remplit toutes les conditions d'hygiène requises pour la destination qu'il doit recevoir, s'il peut contenir le nombre minimum de malades fixé par le règlement sur le service de santé en campagne, ainsi que par l'article 10 de la présente instruction, et quelle est la série dans laquelle doit être classé l'hôpital auxiliaire en formation, d'après les règles établies à l'article 53 de la présente instruction.

Ce rapport, auquel sont annexées la situation modèle no 10 visée ci-dessus et s'il y a lieu une déclaration de consentement sur papier libre du propriétaire ou locataire intéressé (établissement appartenant à des particuliers), sera transmis au Ministre de la guerre (7e direction) par le général commandant la région de corps d'armée ou le gouvernement militaire.

Conditions pour obtenir un premier hôpital.

Art. 48. — Le Ministre ne concède un établissement à la société d'assistance qui l'a demandé que dans le cas où cette société se trouve en mesure de constituer un hôpital auxiliaire du territoire susceptible d'être classé dans la première ou la seconde des trois séries, spécifiées à l'article 52 de la présente instruction.

Dans les autres cas, le Ministre se borne à informer la société intéressée de la suite qui pourra être donnée ultérieurement à la demande en concession de locaux présentée par son délégué régional.

Comment établit-on les ressources d'un Comité en vue du fonctionnement de son hôpital? — C'est en remplissant avec soin un *Etat de situation* désigné sous le nom de modèle nº 10. Cet Etat doit être fourni par le Comité au délégué régional qui envoie l'imprimé nécessaire. Comme il n'est pas toujours facile aux Présidents de suivre nettement la signification des différentes colonnes de cet Etat de situation, nous donnerons une note explicative à la fin de ce livre.

Condition pour obtenir plusieurs hôpitaux.

Le Comité qui a déjà pris la charge d'organiser un hôpital auxiliaire du territoire ne peut obtenir l'autorisation d'en établir un second que dans le cas où le premier a été classé en première série.

Comment les locaux seront-ils adaptés à leur nouvelle destination ?

Art. 50. — Les travaux d'adaptation dans les établissements réservés pour l'installation des hôpitaux auxiliaires du territoire ont lieu, au moment de la mobilisation, aux frais et par les soins de la société d'assistance intéressée.

Leur exécution est assurée en principe par un entrepreneur civil avec qui la société d'assistance intéressée a passé, dès le temps de paix, un marché conditionnel.

En quoi consistent ces travaux d'adaptation?

Tantôt ils ne portent que sur la division et l'éclairage des locaux ; tantôt il est nécessaire de construire des locaux accessoires, tels que latrines, hangars, cuisine, salle de bains ; d'autres fois il s'agit simplement de modifier la distribution de l'eau, du gaz ou de l'électricité, ou de rendre les cabinets d'aisance plus hygiéniques, ou encore de faire des travaux pour l'écoulement des eaux ménagères ou des eaux de pluie.

L'article 21 de l'instruction de 5 mai ajoute à cette énumération des travaux, l'alinéa suivant : Etablir, s'il y a lieu, un état estimatif de ces travaux, sous la réserve qu'il ne devra être proposé que des travaux absolument indispensables, pouvant être exécutés rapidement, ne compromettant pas la solidité des bâtiments et faciles à détruire après la fermeture de l'hôpital.

Pour les établissements qui leur seront concédés après la promulgation de cette instruction, les sociétés pourront, si elles le désirent, faire état des renseignements déjà recueillis par les médecins militaires.

Ces renseignements leur seront communiqués par les Directeurs du service de santé dans les régions de corps d'armée ou de gouvernement militaire.

2° DU PERSONNEL DES HOPITAUX AUXILIAIRES

Quel est le personnel nécessaire à chaque hôpital ?

Cela varie suivant le nombre de lits que chaque hôpital possède, et aussi suivant la destination spéciale de cet hôpital ; les hôpitaux de convalescents n'ont pas besoin, on le comprend, d'un personnel aussi nombreux que les hôpitaux de blessés. On trouvera à la notice 8 de l'instruction du 5 mai, des tableaux qui indiquent le nombre des médecins, des pharmaciens, des administrateurs, des comptables, des infirmiers, des infirmières pour chaque espèce d'hôpital. Il nous paraît inutile de reproduire ici ces tableaux ; nous dirons seulement que pour les hôpitaux contenant de vingt à quarante-neuf lits, quelle que soit leur destination, il suffit d'avoir un médecin, un pharmacien, un administrateur, un comptable ; que pour les hôpitaux qui contiennent de cinquante à cent vingt lits, il faut deux médecins et deux comptables ; s'il s'agit d'un hôpital de convalescents, un seul médecin suffit jusqu'à deux cents lits.

Les tableaux de la notice 8, concernant le personnel, se trouvent reproduits dans le livre intitulé : « *Ecole des gardes-malades et des ambulancières.* »

Comment recrute-t-on le personnel des hôpitaux auxiliaires ?

Médecins et pharmaciens. Par qui les médecins sont-ils présentés ? Par qui sont-ils agréés ? Où peut-on les prendre ?

Art. 60. — Le médecin-chef et les médecins traitants sont choisis par les sociétés d'assistance parmi les docteurs en médecine.

Les fonctions d'aide-médecin peuvent être remplies soit par des docteurs en médecine, soit par des officiers de santé, ou des étudiants en médecine pourvus de douze inscriptions de doctorat.

La désignation des docteurs en médecine, officiers de santé ou étudiants en médecine doit être agréée par le ministre de la guerre.

A cet effet des états de présentation sont établis par les délégués régionaux et adressés par lui au Directeur du service de santé.

Les médecins et les pharmaciens sont des officiers. Ils doivent le service militaire jusqu'à 45 ans, et jusqu'à cet âge ils ne peuvent faire partie des services organisés en temps de guerre par les Sociétés de la Croix Rouge.

Il y a cependant deux exceptions à cette règle :

1° Pour les médecins et les pharmaciens réformés ou dispensés du service ;

2° Pour les médecins et les pharmaciens placés dans les conditions que l'article 56 de l'instruction du 5 mai a ainsi spécifiées :

Les hommes classés dans les *services auxiliaires* et pourvus du diplôme, soit de docteur en médecine ou d'officier de santé, soit de celui de pharmacien de 1re ou de 2e classe, soit de douze inscriptions valables pour le doctorat en médecine, peuvent être mis à la disposition des sociétés d'assistance, quelle que soit la classe de recrutement à laquelle ils appartiennent, sous la réserve qu'ils seront affectés aux hôpitaux auxiliaires du territoire appartenant aux séries de classement spécifiées à l'alinéa qui précède.

Dans chaque région de corps d'armée ou de gouvernement militaire, le Directeur du service de santé communique aux délégués régionaux des sociétés d'assistance qui en font la demande, la liste des docteurs en médecine, officiers de santé, étudiants en médecine pourvus de douze inscriptions de doctorat, pharmaciens de 1re ou de 2e classe classés dans les services auxiliaires de l'armée et n'occupant pas d'emploi dans les cadres auxiliaires (médecins ou pharmaciens auxiliaires, médecins ou pharmaciens de réserve de l'armée territoriale) du service de santé militaire.

Administrateurs, comptables, brancardiers, hommes de peine. — Toutes ces personnes doivent avoir aussi satisfait aux exigences du service militaire, à moins qu'elles n'aient été réformées ou légalement dispensées. L'autorité militaire nous a donné pour le recrutement une facilité qui est expliquée dans l'alinéa suivant de l'article 56 :

« Toutefois les hommes appartenant à la réserve de l'armée territoriale, ceux classés dans les services auxiliaires et appartenant à l'armée territoriale ou à sa réserve, peuvent être mis à la disposition des sociétés d'assistance, dans la proportion d'un homme pour dix lits d'hôpital, à la condition expresse que ces hommes soient attachés à des hôpitaux auxiliaires du territoire déjà classés en première ou deuxième série, ou du moins, à des hôpitaux auxiliaires du territoire susceptibles d'obtenir ce classement après affectation des hommes dont il s'agit. »

Le *Directeur* d'un hôpital auxiliaire est toujours un médecin ; il peut s'adjoindre un ou plusieurs *administrateurs* qui restent toujours placés sous son autorité.

Personnel féminin. — Ce personnel qui peut remplir les fonctions d'administratrice, de surveillante générale, d'infirmière, de préposée à l'alimentation, à la lingerie, à la buanderie, etc., est choisi par les commissions administratives des Comités, aidées des médecins ; on devra tenir compte, pour ce choix, des aptitudes spéciales de chacune des personnes, et, quant au nombre, il sera bon de se rappeler que, dans un service actif de malades ou de blessés, il faut compter une personne pour trois lits.

Comment les demandes d'un personnel militaire doivent-elles être faites? — La réponse est dans l'article 58, ainsi conçu :

« Les demandes relatives à la désignation pour les hôpitaux auxiliaires du service militaire, y compris ceux pourvus soit du diplôme de docteur en médecine, d'officier de santé, de pharmacien de 1re ou de 2e classe, soit de douze inscriptions, valables pour le doctorat en médecine, sont présentées par les délégués régionaux des sociétés d'assistance, sur des états conformes au modèle n° 11 annexé à la présente instruction, et adressées au Directeur du service de santé de la région de corps d'armée ou de gouvernement militaire, en même temps que les déclarations d'engagement (une expédition) envers la société intéressée des hommes visés dans les dites demandes. »

Engagements à signer par le personnel. — ART. 67 : « Toutes les personnes, hommes ou femmes, qui consentent à faire partie du personnel des hôpitaux auxiliaires du territoire, doivent signer une déclaration d'engagement envers la Société intéressée, qui sera annexée ultérieurement au journal de mobilisation prévu par les articles 16 et 69 de la présente instruction. Ces déclarations sont établies sur papier libre et contresignées successivement par le président du Comité local et le délégué régional de la société d'assistance intéressée ; elles seront annulées, le cas échéant, par une contre-déclaration qui pourra ne porter que les signatures du Comité local et du délégué régional. »

Exemple d'une formule à remplir.

Je soussigné, demeurant à... âgé de... libéré du service militaire (ou, suivant le cas, faisant partie des quatre dernières années de la réserve de l'armée territoriale, classe de...), m'engage à prendre du service dans les formations sanitaires de l'*Association des Dames Françaises* à (mettre ici le nom du pays), en qualité de...

Dater et signer.

Il sera bon que ces promesses de service soient valables pendant 4 ans au moins, afin que l'Association sache sur quels concours elle peut compter.

Le personnel destiné au service des hôpitaux auxiliaires doit être préparé à ses fonctions par une *instruction spéciale.* Nous n'avons pas à nous occuper de celle des médecins, mais nous devons attacher une grande importance à celle des ambulancières, des infirmières, des brancardiers, des comptables, etc.

L'enseignement est l'objet d'un chapitre spécial, voir page 43.

Convocation du personnel au moment de la mobilisation.

Pour les hôpitaux de *la 1re série*, ce personnel doit être rendu au lieu de la destination le deuxième jour de la mobilisation ; exception faite pour le médecin chef et le premier comptable de chaque hôpital qui doivent y arriver le premier jour.

Pour les hôpitaux de *la 2e série*, le personnel doit être rendu à destination le neuvième jour de la mobilisation ; exception faite pour le médecin et le premier comptable qui devront y arriver le septième jour.

Pour les hôpitaux de *la 3e série*, le personnel, qui ne comprend pas de militaires, attendra dans ses foyers l'invitation à se rendre au lieu de la destination.

Les personnes attachées aux hôpitaux de 1re ou de 2e série, et dégagées de toute obligation militaire, reçoivent dès le temps de paix un avis de convocation pour le temps de guerre ; cet avis est établi d'après les indications ci-dessus, par la Présidente du Comité local, et signé par elle ainsi que par le délégué régional.

Habillement, logement, nourriture, solde et surveillance du personnel militaire des hôpitaux auxiliaires.

Ce sont les sociétés d'assistance qui doivent assurer l'habillement, le logement, la nourriture et la solde des militaires mis à leur disposition. Les infirmiers militaires sont logés dans les locaux dépendant des hôpitaux.

Pour tout ce qui concerne la surveillance et la police générale, les militaires des hôpitaux auxiliaires sont placés sous l'autorité du commandant militaire local.

3° CARTES D'IDENTITÉ, BRASSARDS ET INSIGNES POUR LE PERSONNEL.

Art. 65. — Le personnel masculin des hôpitaux auxiliaires du territoire doit être pourvu à la mobilisation du brassard de neutralité et de la carte nominative d'identité dont l'établissement est prescrit par l'art. 10 du décret du 19 octobre 1892.

L'approvisionnement de ces brassards et de ces cartes est constitué dès le temps de paix par les sociétés d'assistance.

Les brassards doivent porter les inscriptions suivantes :

1° Cachet du Ministre de la guerre.

2° Numéro de la région de corps d'armée sur le territoire de laquelle est fixé chaque hôpital auxiliaire (dans les gouvernements militaires de Paris ou Lyon et en Tunisie ce numéro sera remplacé respectivement par les lettres G. P., G. L. et T.).

3° Une lettre spéciale à chaque société d'assistance savoir : la lettre S. pour la Société française de secours aux blessés ; la lettre F. pour l'Union des Femmes de France ; la lettre D. pour l'Association des Dames Françaises.

4° Un numéro d'ordre appartenant à une série qui, dans chaque région de corps d'armée ou de gouvernement militaire, commencera à 1 et pourra s'étendre indéfiniment.

Les brassards sont délivrés contre remboursement aux sociétés d'assistance par le service de santé militaire, revêtus des inscriptions spécifiées ci-dessus.

Dans chaque région de corps d'armée ou de gouvernement militaire, les demandes de brassards sont établies en triple expédition (conf. au mod. 13) par les délégués régionaux des sociétés d'assistance et adressées au Directeur du service de santé qui les transmet au Ministre de la guerre (7e direction).

Le remboursement des brassards est effectué par les délégués régionaux, d'après un tarif fixé par le Ministre de la guerre et conformément aux instructions contenues dans le règlement du 9 septembre 1888 sur la comptabilité, matières.

Les cartes nominatives d'identité, dont le modèle doit être approuvé par le Ministre de la guerre, sont préparées par les sociétés d'assistance et reçoivent dans chaque région de corps d'armée ou de gouvernement militaire la signature du délégué régional intéressé et du Directeur du service de santé.

Les brassards de neutralité et les cartes nominatives d'identité sont remis au personnel de chaque hôpital auxiliaire du territoire la veille du jour fixé pour l'ouverture de cet hôpital.

Chaque personne reçoit un brassard et une carte nominative portant le même numéro d'ordre.

N. B. — Les insignes simples et les insignes avec médaille, que doivent porter les membres de l'Association, ne se trouvent pas dans le commerce : le Comité central, seul, les fait exécuter en grandes quantités et les livre, au prix de revient, aux Comités des départements.

Matériel.

Art. 63. — Le matériel nécessaire pour le fonctionnement des hôpitaux auxiliaires du territoire est acquis dès le temps de paix par les sociétés d'assistance, sous réserve des dispositions prévues à l'art. 53 de la présente instruction. Cet article 53 a déjà été reproduit en entier à propos du classement des hôpitaux. (Voyez page 63.)

Nous avons déjà donné dans la deuxième partie de cet ouvrage, page 41, des renseignements sur la nature du matériel et sur les moyens de l'acquérir. Le lecteur devra s'y reporter et, pour être fixé sur les quantités de matériel d'hospitalisation qui lui sont nécessaires, il consultera le journal de mobilisation dont un exemplaire doit toujours être maintenu dans le carton de mobilisation de chaque Comité. (Reproduire ici cette longue énumération du matériel serait faire un inutile double emploi.)

4° FONDS.

Art. 63 de l'instruction du 5 mai. — Les Sociétés d'assistance constituent, en outre, au titre de chaque hôpital auxiliaire du territoire, un fonds de réserve comprenant ;

1° Les fonds nécessaires pour l'exécution des travaux d'adaptation dans les locaux où doit être installé l'hôpital auxiliaire du territoire ;

2° Une somme variant suivant l'importance de l'hôpital et calculée à raison de 3 francs par lit et par jour pendant deux mois (les salaires du personnel secondaire sont compris dans le prix de journée des malades) ;

3° Les fonds nécessaires pour acquitter le prix des objets à livrer par marché conditionnel.

Comme on le voit, cet art. 63 est une simple indication des fonds nécessaires pour l'hôpital en cas de guerre ; on a vu dans le chapitre IV, à la page 37, tout ce qui concerne la gestion des fonds des Comités et les moyens de se les procurer.

TROISIÈME PARTIE

Fonctionnement des Comités en temps de guerre

CHAPITRE XI

Rôle des Délégués régionaux.

Dès que les bruits de guerre prennent de la consistance, tous les Comités doivent déployer la plus grande activité pour compléter leur organisation, pour accroître leurs ressources de toute nature, et pour se tenir en rapports constants avec leur Délégué régional, ou avec le Comité central si le Délégué régional se trouve empêché.

Puis, aussitôt que la mobilisation est affichée, les Comités doivent exécuter jour par jour tout ce qui est inscrit sur leurs carnets de mobilisation, s'assurer par une répétition générale que tout est prêt à fonctionner et attendre les ordres de leur Délégué régional. Il ne faut pas perdre de vue qu'il sera parfois nécessaire que de petits Comités voisins les uns des autres s'unissent pour avoir un hôpital commun ; ils suivront à cet égard les indications du Délégué régional.

Quant à ce délégué, sa mission en temps de guerre, déjà définie par les articles 6, 8, 15 du décret de 1892, se trouve encore plus précisée dans l'instruction du 5 mai 1899, notamment aux articles 82, 83, 87, 100, 102.

Ouverture des Hôpitaux.

Cette ouverture est fixée dès le temps de paix, pour les hôpitaux auxiliaires de la première et de la deuxième série ; elle reste, au contraire, indéterminée en temps de paix pour les hôpitaux de la troisième série.

L'ouverture des hôpitaux de la première série se fera le neuvième jour de la mobilisation ; l'ouverture des hôpitaux de la deuxième série se fera le seizième jour. Les délégués régionaux sont chargés de transmettre aux Présidentes des Comités l'ordre de préparer cette ouverture. Mais avant d'entrer dans les établissements qui doivent être transformés en hôpitaux auxiliaires, il faut établir un *procès-verbal d'inventaire.*

Voici ce que dit à ce sujet l'article 84 : Lorsque l'hôpital auxiliaire du territoire est installé dans un établissement appartenant à l'Etat, au département ou aux communes, le procès-verbal d'inventaire prescrit à l'article 79 de la présente instruction est établi de concert entre le Directeur assisté de l'agent responsable de la garde du matériel (établissements de l'Etat ou des départements ou affectés à un de leurs services) ou le Maire (ou son délégué) (établissements des communes) et le premier comptable de l'hôpital auxiliaire du territoire.

Il est établi trois expéditions de ce procès-verbal, dont une est adressée au Directeur du service de santé de la région de corps d'armée, une remise, suivant le cas, au directeur de l'établissement ou au Maire de la ville, une conservée par le premier comptable de l'hôpital auxiliaire du territoire.

Lorsque l'établissement dans lequel l'hôpital auxiliaire du territoire est installé appartient à un particulier, la Société d'assistance intéressée arrête, par entente amiable avec le concessionnaire dudit établissement, les mesures à prendre pour apprécier ultérieurement les détériorations subies par les locaux ou les objets affectés au service des malades.

Exercice du droit de réquisition en faveur des Sociétés.

Art. 85. — Les Sociétés d'assistance assurent, en principe, avec les ressources dont elles disposent par elles-mêmes, le fonctionnement des hôpitaux auxiliaires du territoire dont elles ont pris la charge.

En cas de nécessité, le droit de réquisition sera exercé au profit de ces hôpitaux par le Directeur du service de santé de la région de ce corps d'armée ou ses délégués.

La Direction du service de santé de la région de ce corps d'armée poursuivra ultérieurement, auprès des Sociétés d'assistance, le remboursement des prestations requises sur leur demande.

Fonctionnement des Hôpitaux auxiliaires.

L'instruction du 5 mai ne change rien à ce qui a déjà été dit sur ce fonctionnement qui doit être conforme aux règlements sur le service de l'armée en campagne.

Elle rappelle que les Sociétés d'assistance recevront une indemnité de un franc pour chaque journée de malades ou blessés traités dans leurs hôpitaux, et elle ajoute un article qui peut avoir de l'importance pour les Comités dont les fonds ne sont pas considérables.

Voici cet article :

« Des à-comptes mensuels sur les indemnités dues seront payés aux Sociétés d'assistance, si elles en font la demande. »

Fermeture des Hôpitaux auxiliaires.

Comme pour l'ouverture, l'ordre de fermeture est transmis par le Délégué régional à la Présidente du

Comité et alors il y a deux choses dont il faut s'occuper : le règlement des indemnités, et la remise en état des locaux.

Des indemnités dues aux propriétaires.

Les *indemnités* qui pourraient être dues aux propriétaires des locaux sont réglées à l'amiable entre les deux parties intéressées. Il en est de même pour les indemnités à payer aux personnes qui ont fourni par voie de réquisition les prestations indispensables pour assurer le fonctionnement de ces hôpitaux.

Si le service de santé de l'armée a déjà payé des indemnités pour le compte des Sociétés, le remboursement de ces indemnités sera poursuivi soit par le Directeur du service de santé de la région de corps d'armée auprès des Délégués régionaux, des Sociétés d'assistance, soit par le Ministre de la Guerre (7e direction) auprès des Conseils supérieurs de ces Sociétés.

Remise en état des locaux.

Elle comprend deux opérations distinctes : d'abord la désinfection rigoureuse des locaux occupés par les malades et les blessés. Cette désinfection sera faite par les soins et aux frais des Sociétés. Puis les locaux doivent être remis dans leur état primitif, à moins d'entente contraire intervenue entre les deux parties. Il est à remarquer que si les locaux étaient la propriété de l'Etat, du département ou des communes, il ne faudrait procéder à la désinfection et aux travaux que sous le contrôle du Directeur du service de santé.

APPENDICE

Note explicative rédigée par M. Boullaire, *Président de la Commission d'organisation des Hôpitaux auxiliaires, sur l'***Etat de situation** *à fournir par les Comités pour obtenir l'autorisation d'établir un hôpital.* — Cet *Etat de situation* s'appelle aussi modèle n° 10.

1° Personnel.

La colonne I du personnel intitulée *nécessaires* se réfère à la notice n° 8 de l'instruction du 5 mai 1899, page 187.

Suivant que l'hôpital auxiliaire à établir par nos Comités doit contenir plus ou moins de lits et qu'il doit recevoir soit des malades, soit des blessés, soit des convalescents, l'autorité militaire exige un personnel dont le nombre varie selon les divers cas. Ces variations sont indiquées en grand détail dans la notice n° 8.

Pour remplir utilement cette colonne intitulée *nécessaires*, on doit donc y inscrire le *nombre* des médecins, pharmaciens, administrateurs et comptables que devra avoir, d'après la notice 8, et selon le nombre de ses lits et sa destination, l'hôpital que le Comité doit établir.

La colonne suivante qui porte l'entête *régulièrement engagés* indique le nombre de ces diverses personnes dont le Comité s'est déjà assuré le concours ; il n'est pas nécessaire de mentionner leurs noms.

La troisième colonne *à engager* comprendra le nombre de personnes qui manquent encore ; son total ajouté à celui de la colonne *régulièrement engagés* doit être égal au total de la colonne *nécessaires*.

2° Matériel.

La page 2 de l'état modèle n° 10 (page 235 de l'instruction) concerne le matériel.

Dans la colonne *objets acquis* les Comités doivent faire connaître par une mention succincte dans quelles mesures ils se sont pourvus ; cette mention doit consister dans une des quatre formules suivantes :

Totalité des nécessaires,
Moitié des nécessaires,
Moins de la moitié des nécessaires,
Néant,

qui sera inscrite en regard de chacune des catégories des objets désignés.

Mais que signifient les mots : *Totalite des nécessaires, Moitié des nécessaires, etc. ?*

Pour les comprendre il faut se reporter à l'instruction du 5 mai 1899, notice n° 9 (pages 191 à 235) ; on y trouvera l'indication minutieuse des objets de toute nature que l'autorité militaire juge indispensable aux hôpitaux auxiliaires et qui doivent être acquis soit dès le temps de paix, soit seulement au moment de la mobilisation. L'acquisition de quelques-uns d'entre eux, tels que les objets de couchage, d'habillement, de lingerie, peut être remplacée par des promesses *écrites* de personnes possédant ces objets.

La quantité des objets varie selon le nombre de lits que contient l'hôpital auxiliaire et selon qu'il est destiné à des blessés, des malades ou des convalescents. Cette notice n° 9 de l'instruction doit être étudiée avec quelque soin pour être comprise ; elle indique quels sont les objets qui sont indispensables à l'hôpital auxiliaire que le Comité veut fonder ; ce sont ces objets que l'autorité militaire nomme *les nécessaires.* Quand on en aura dressé la liste, il sera facile de faire connaître dans la colonne *objets acquis* du modèle n° 10 si le Comité possède la *tota lité*, la *moitié*, *moins de la moitié* ou *aucun* de ces objets.

3° Fonds.

La page 3 de l'état modèle n° 10 est consacrée aux fonds de réserve que les Comités doivent posséder dans une certaine mesure dès le temps de paix (article 63 de l'instruction).

Cette réserve comprend notamment la somme nécessaire pour subvenir à l'entretien des malades à raison de 3 francs par jour pour chacun pendant deux mois.

La Présidente du Comité devra apposer sa signature à la fin de l'état modèle n° 10 avant de le transmettre au délégué régional.

JOURNAL DE MOBILISATION

Ce journal est la pièce capitale pour le fonctionnement en temps de guerre et pour la préparation de ce fonctionnement. L'Association des Dames Françaises en a sollicité pendant plusieurs années la rédaction par les soins réunis du Ministère de la Guerre et des Sociétés de secours. Nous ne saurions trop en recommander l'étude attentive à chaque Comité et principalement aux hommes qui font partie des Commissions administratives de ces Comités, ce sont surtout les hommes en effet qui peuvent comprendre les détails un peu compliqués de ce journal de mobilisation. Seulement comme un exemplaire de ce journal reste constamment dans les archives de chaque Comité, nous n'en reproduirons pas ici tous les détails, mais nous en indiquerons les grandes lignes, de manière à pouvoir en donner une connaissance sommaire et exacte.

Nombre des exemplaires ; à qui ils doivent être remis.

Art. 69. — Les Sociétés d'assistance établissent en quatre expéditions pour chacun de leurs hôpitaux auxiliaires du territoire un journal de mobilisation conforme au modèle 14 annexé à la présente instruction.

Les quatre expéditions de ce journal sont signées par le Président du Comité local qui a pris charge d'organiser l'hôpital auxiliaire du territoire et par le Délégué régional de la Société ; elles sont visées par le Directeur du service de santé de la région de corps d'armée ou de gouvernement militaire.

Elles sont conservées :

Une par le Président du Comité local ;

Une par le Délégué régional de la Société ;

Une par le Conseil supérieur de la Société ;

Une par le Directeur du service de santé de la région de corps d'armée ou de gouvernement militaire.

Pièces annexées aux journaux de mobilisation.

Les pièces établies en vue de fixer les clauses de contrats ou de marchés conditionnels, les déclarations des personnes qui s'engagent à prendre du service à la mobilisation dans les hôpitaux auxiliaires du territoire ou à fournir à ce moment une partie du matériel néces saire pour le fonctionnement de ces formations sanitaires, sont annexées, en original, à l'expédition du journal destinée au Président du Comité local. Une copie de ces divers documents, certifiée conforme par le Président du Comité local et par le Délégué régional, est jointe aux trois expéditions de ce journal.

Tenue à jour des journaux de mobilisation.

Art. 69. — Les journaux de mobilisation sont tenus rigoureusement à jour par les diverses autorités qui les détiennent. A cet effet, les Délégués régionaux signalent expressément dans les situations semestrielles qu'il leur appartient de fournir (art. 6 du décret de 1892) au Directeur du service de santé de la région de corps d'armée et dont un double est adressé au Conseil supérieur de la Société, les modifications survenues dans la constitution des ressources affectées à chaque hôpital auxiliaire.

Art. 70. — Les expéditions du journal de mobilisation,

à l'exception de celle conservée par le Conseil supérieur de la Société, sont visées au mois de février de chaque année par le Directeur du service de santé de la région de corps d'armée ou de gouvernement militaire.

Lorsqu'il y a lieu de faire passer un hôpital auxiliaire d'une série dans une autre, elles sont signées d'abord par le Président du Comité local et le Délégué régional, visées ensuite par le Directeur du service de santé de région de corps d'armée ou de gouvernement militaire.

N. B. — Les extraits que nous venons de faire de l'Instruction du 5 mai suffisent à faire comprendre la grande utilité du Journal de Mobilisation et le soin particulier que chaque Comité doit apporter à l'établir, à le maintenir exact et à en suivre les prescriptions le moment venu.

Pour permettre à nos lecteurs et aux Membres des Comités de savoir de suite ce qu'ils peuvent trouver dans ce journal, nous allons en reproduire la table des matières.

Table des matières d'un Journal de Mobilisation.

Table analytique des Matières

PREMIÈRE PARTIE

Organisation générale de l'Association et de ses Comités.

DEUXIÈME PARTIE

Fonctionnement des Comités en temps de paix.

TROISIÈME PARTIE

Fonctionnement des Comités en temps de guerre.

Abbeville. — Imprimerie C. Paillart.

C·PAILLART·IMPRIMEUR·ÉDITEUR
ABBEVILLE